Applaus! Applaus! Applaus!

Bibliografische Information der Deutschen Nationalbibliothek. Die Deutsche Nationalbibliothek verzeichnet diese Publikation in der Deutschen Nationalbibliografie; detaillierte bibliografische Daten sind im Internet über http://dnb.d-nb.de abrufbar.

Copyright © 2015 Marcel Thebach
Herstellung und Verlag: Books on Demand GmbH, Norderstedt
Covergestaltung: Marcel Thebach
ISBN: 978-3-7347-3678-0
Internet: www.thebach.de

Marcel Thebach

Zugemauerte Pufftüren

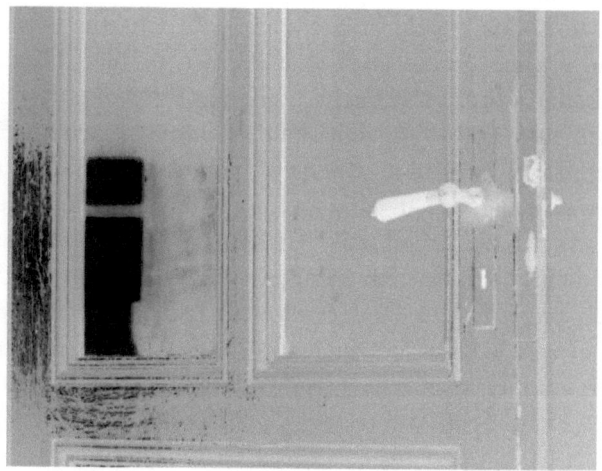

Groteske Anthologie & Feinster Weltschmerz

Einleitung

Ich will es kurz machen. Mit diesem kleinen Buch versaue ich mir beinhart meine Zukunft als ernst zu nehmender Schriftsteller. Jawohl, ich ruiniere meinen Ruf und folge somit traditionell einem Verhaltensmuster, welches meinen Lebensweg bis dato geprägt hat. Nein, ich komme aus der Nummer nicht mehr heraus. Ich habe es mir so ausgesucht. Es ist das letzte kleine Stück Freiheit, welches ich mir erlaube und ehrlich gesagt auch von Herzen gönne. Alles ist Scheiße, warum also nicht auch ich? Ein wenig hat das auch mit Anpassungsfähigkeit zu tun. Im kleinen Dir zur Hand liegenden Büchlein, mit dem zarten Titel *Zugemauerte Pufftüren* haue ich gnadenlos und ungefiltert kleine Kurzgeschichten, Anekdoten, Textspielereien, Gedichte und Inszenierungen heraus, die ich in der Vergangenheit zu Papier gebracht habe. Jawohl, mein Chef würde sich über meinen geschäftsfreudigen Sinn, den ich hier an den Tag lege freuen. Getreu dem Motto: „Miste dein Archiv aus, vielleicht bekommst du da noch 'nen Euro für", veröffentliche ich somit meine kleinen geistigen Ergüsse, die im Idealfall dazu ausreichen werden, dir die eine oder andere „Gute-Nacht-Geschichte" zu servieren während Du Dich mal wieder im Bett herum räkelst und keinen Schlaf finden willst. Betrachte es mit einem kleinen Augenzwinkern, denn dadurch hast Du schon einen halben Sekundenschlaf hinter Dir und Erholung gefunden, die Dir zusteht. Solltest Du es bierernst nehmen, was Deinem Auge im Folgenden beschert wird, dann bist Du hiermit falsch bedient. Machst Du Dich hingegen locker wirst Du Spaß haben.

Tu Dir selbst den Gefallen, frag nicht nach dem Sinn dieser kleinen literarischen Inseln, sei aber dennoch so gut zu Dir, Sinn zuzulassen, wenn er sich Dir erschließt. Sieh mal, so ein großer Konzern wie Microsoft, der versucht seit Jahrzenten funktionierende Betriebssysteme für Computer herauszubringen und muss selbige permanent mit Updates versorgen, um irgendwelche Fehler und Sicherheitslücken zu korrigieren. Aber niemand hat wirklich die Möglichkeit derlei Korrekturen an die Allgemeinheit zu verteilen, was das Betriebssystem betrifft, welches uns allen am nächsten ist, nämlich unser eigenes, das wir im Kopf haben und welches unser selbst am Leben hält und uns ein Leben lang auf diesem Planeten begleitet. In gewisser Weise also biete ich dem Leser dieses Buches einen offenen Zugang in die Sicherheitslücken meines eigenen Betriebssystems. In den folgenden Seiten liegt der Quellcode offen und ich bin „Open Source".
Ein Teil von mir sagt „Marcel, veröffentliche dieses Buch niemals, Du wirst unglücklich!", ein anderer Teil sagt „Marcel, wenn Du dieses Buch nie veröffentlichst, wirst Du unglücklich!" – Und wenn es ein Dilemma gibt, welches nur die Option zwischen *tun* und *nicht tun* lässt, dann entscheide ich mich zugunsten des Tuns, denn dann kann am Ende nicht der Vorwurf geltend gemacht werden, dass ich es nicht versucht hätte. Leben ist was Du ablieferst und wenn es wer nicht versteht, muss er es mit seinem Leben vereinbaren. Schnittstellen sind die sensiblen Flächen an denen das eine mit dem anderen Puzzleteil zusammenklebt, synaptisch übergreift und ein Gesamtbild darstellt. Lass mal loslegen, der Karton ist geöffnet und die Teile liegen auf dem Tisch...

P.S: **Im Übrigen wurde auf ein Lektorat konsequent verzichtet, um den Live-Charakter zu wahren. Dieses Buch strotzt vor Fehlern und hat eine katastrophale Interpunktion. That's Live!**

Inhalt:

Zugemauerte Pufftüren

Der Tag, an dem nichts geschah

Hypochonder

Platonische Liebe (Ein Stück in einem Akt)

Beim Amt

Gimmicks (Wortbilder)

Keine Inspiration

Das Ei

Ostern

Nachdenken

Der kleine Peter

Ich kann's nicht lassen

Hotel

Solipsismus

Sehtest

Quantenmillionär

Wochenende

Exitus

Gondelweiher

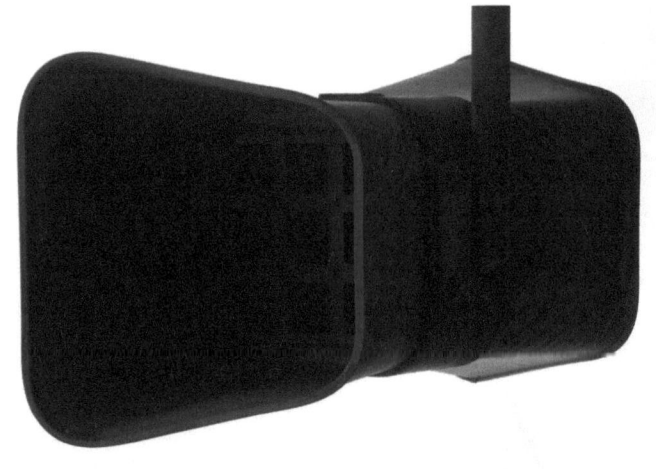

Zugemauerte Pufftüren

Okay. Ich denke, dass das nun der Anfang ist. Eine Schreibblockade ist schließlich temporär. Sie vergeht. Ausgelöst wird sie nur dadurch, dass man nicht den nötigen Auftrieb findet, sich an sein Schreibgerät zu setzen und loszulegen. Man bewegt sich in einer zähflüssigen und wabernden Masse, einem Brei aus Trägheit – tagein, tagaus- die einen davon abhält kreativ zu sein. Genau das ist es, was irgendwann das Fass zum überlaufen bringt. Wenn du vor dieser unerträglichen Wahl stehst, deinen Abend wie gewohnt bei Alkohol und Nikotin durchzustehen, um dann schließlich in einem Rausch aus Herzrasen und Pürierstab im Hirn ins Bett zu fallen, dir mit dem linken Schuh den zugeschnürten rechten Schuh abstreifst, dann begreifst, dass du für den linken Schuh dennoch kraftvoll manuell eingreifen musst, um schließlich deine Hose bei geöffnetem Knopf aber geschlossenem Hosenstall mitsamt Socken (diese bleiben zumeist in den Hosenbeinen hängen) abstreifen musst, oder aber vorher noch die Gelegenheit nutzt etwas zu Papier zu bringen, dann bist du auf wohlweißlichem Wege, das Elend hinauszuzögern. Heute ist es soweit. Ich bin stolz. Ich schreibe. Hab noch was Zeit.
Die letzte Filterkippe ist weggequarzt. Es bleibt noch ein halbes und fast trockenes Päckchen Tabak übrig. Gedacht für Notfälle wie diesen. Im Kühlschrank ist kein Bier mehr. Der Blick auf die Uhr verrät mir: 20:53 Uhr. Scheiß Digitaluhren. Mit Zeigern sieht die Zeit immer schöner aus. Die bewegen sich langsamer. Schöner. Wie zwei weibliche Schenkel. Mal verkreuzt, mal offen, aber immer erotisch. Konzentrisch um das Wesentliche. In der Mitte des

Ziffernblattes dreht sich alles um das schwarze Loch! Dort steht die Zeit still.

Es ist Dienstag. Morgen ist ein Arbeitstag. Kein gewöhnlicher, weil man sich auf der Arbeit tröstet, dass bereits Mittwoch ist und die Hälfte der Woche durch ist.

Der erste Scheißhaufen ist gelegt, jetzt noch einen daneben kacken und dann abspülen. Wochenende. Das rauscht! Es sprudelt die Ablagerungen vom Porzellan, die du müde bist mit den Fingernägeln abzukratzen. Du kommst auf die Welt und lutscht Daumen, später kaust du Fingernägel und dann kommt der Ekel überhaupt noch irgendwas anzufassen, weil alles was du noch berühren kannst zuvor von abgelutschten Dauen und abgekauten Fingernägeln derer berührt wurde, die es zu Geld machten, von dem du einen kleinen Teil abbekommst, da du Lebenszeit dagegen eintauschst, um dir deine verbleibende Lebenszeit zu etwas Besserem zu gestalten, was meistens gerade noch dazu ausreicht in ein Stück trockenes Brot zu beißen. Begreife es als Lebensfreude. Strahle es aus. Man wird dich sonst heuchlerisch fragen, was denn mit dir los sei und ob man dir helfen könne.

Sie sammeln Informationen, während *sie* am Geld ersticken und nicht begriffen haben, dass es das Papier auf dem es gedruckt nicht wert ist. Wenn *sie* dich fragen ob es dir schlecht geht, dann tun *sie* das nicht mit dem Ziel dir zu helfen. Nein! *Sie* wollen dich an einem schwachen Punkt erwischen, Vertrauen erwecken auf dass du ihnen deine Seele ausschüttest! *Sie* wollen alles wissen und tun dabei ganz verständnisvoll. Und *zack*, da haben sie dich. An deinem wunden Punkt! *Sie* behalten es aber für sich. Stillschweigend! Bis zu dem Moment, da *sie* es gegen dich verwenden können. Da siehst du ganz schön alt aus, wenn du nicht aufpasst!

Erlösung! Schreibfluss! Wie kam es dazu?
Stell dir vor: Der Wecker klingelt. Morgens ganz früh. 6 Uhr 50. Digitaluhr. Unerotisch. Andeutungsweise Morgenlatte. Nutzlos. Jeden Morgen. Immer dieselbe Zeit! Radiowecker. Aufwachen mit schlechten Nachrichten. Und doch sind diese schlechten Nachrichten allemal besser als ein fortwährender Summton statt dessen. Man weiß wenigstens sofort warum, weshalb und wo alles scheiße ist. Lokalsender! Ganz in deiner Nähe. Sagen wir Mittwoch. Natürlich. So war es bereits vereinbart. Dein Arsch verkrampft! Tolle Wurst! Wer feige ist kneift ab! Mit dem Gang unter die Dusche steigst du in den Boxring! Hier bist du stark! Ganz kurz wenigstens. Ein Szenario läuft ab. Warmes Wasser prasselt wohltuend deinen Körper herunter. Ein großer Augenblick. Im Grunde gehört der Moment dir ganz alleine, wenn du nicht gedanklich schon längst bei der Arbeit wärst. Beim einseifen der Arme krempelst du dir virtuell die Ärmel hoch. »Heute mach ich die alle fertig! Heute sag ich denen meine Meinung«, geht es dir durch den Kopf. Du lässt dir das heiße Duschwasser in den Mund regnen und spülst dir die Jauche raus! »Ja, heute sage ich denen was längst überfällig ist! Mein Tag! Heute ist mein Tag. Mein großer Auftritt!«
Die Kaffeemaschine gluckert! Das ist dein Luxus! Aroma! Duft! Der nüchterne Magen! Ein Kaffee muss da rein. Auf der Arbeit riechen sie bereits alle nach Kaffee. Aber sie riechen nach dem schlechten

Kaffee, den Ihnen das Syndikat zur Verfügung stellt. Dieser bittere Kaffee aus Thermoskannen mit tiefschwarzen Ablagerungen darin, die beim eingießen in deine Tasse abblättern und dort zugrunde sinken. Dankbar musst du den Schlamm, der sich da sammelt aussaufen, weshalb du dir schon lange deinen eigenen Tee aufsetzt! Nein – echten Kaffee, den gibt es nur zu Hause. Das ist der Kaffee, den du dir verdient hast und nicht der, der dir wohlwollend aufgedrängt wird.

Du denkst an die Mittagspause. Ja, in der Mittagspause, da bestellen sie alle beim Chinesen oder in der Pizzeria und lassen sich täglich für 6,50 Euro etwas liefern. Das kannst du dir nicht leisten, aber du weißt, dass deine selbst geschmierten Butterbrote von zu Hause was ganz besonderes sind. Am liebsten würdest du dich mit deinen Broten um 13.00 Uhr auf dem Klo einschließen, um sie dort in Ruhe und ungestört zu verdrücken, denn im Pausenraum des Syndikats, dort reden sie dann über ihre Urlaubsziele, die du dir nicht leisten kannst. Und wenn du dann nicht mitredest, dann fragen sie dich noch, warum du so still bist! Ja, sie haben Taktgefühl! Das haben sie.

Du hast deine Tasche gepackt. Heute darin: Zwei doppelte Brote, eins mit Wurst, eins mit Käse, ein Apfel für den Nachmittag, ein Joghurt für später und falls alle Stricke reißen und dich ein Heißhunger erwartet, weißt du, dass du noch ein Glas Instantbrühe in der Schublade hast! Und weil Anfang des Monats ist hast du sogar noch eine Flasche von dem guten Gerolsteiner-Mineralwasser medium dabei. Ab Mitte des Monats gibt es dann wieder Legionellenbrause. Vielleicht, wenn du gut wirt-

schaftest, Volvic aus Plastikflaschen, deren Weichmacher deine Leberwerte sinnvoll ergänzen. Aber weißt du was? Du überlebst! Ist das furchtbar oder gut? Du machst dir darüber keinen Kopf. Ändern kannst du es eh nicht, du Feigling!
Dein heimischer Kaffee ist eine Wohltat! Viel zu kurz ist nur der Augenblick, da du ihn genießen kannst, denn der Blick auf deine unerotische Digitaluhr verrät dir wie spät du dran bist! Es ist höchste Zeit kopfüber in die Scheiße zu springen. Man wartet bereits auf dich.
Beim Verlassen des Hauses bewege ich mich auf meinen alten Opel zu! »Lieber Gott, wenn es dich gibt, dann lass die Karre bitte anspringen!«
Leuchtet beim Zünden die gelbe Elektroniklampe und geht nicht aus, dann bedeutet dies: 350 Euro plus nach oben hin Grenze offen an Reparaturarbeiten. Sprich, für ein Jahr Geld vorausstrecken, in Raten abbezahlen, damit du zur Scheiße und zurückkommst. Für was anderes brauchst du die Karre ja nicht.
Ohne Syndikatszugehörigkeit bräuchtest du keine Karre, um ohnehin nicht zu den schönen Dingen zu fahren, die du dir auch mit Arbeit nicht leisten kannst! Das Auto springt aber an! Typisch, denn du ziehst die Scheiße an. So oder so!

Mir ist schwindelig. Die Straßenbahn nervt. Bullenfahrzeuge links und rechts. Sie sehen nach dem Rechten und begreifen nicht, dass links und rechts von ihnen das Unrecht regiert! Aber das Gesetz schreibt das so vor. Das ist Normalität, die wir gewählt haben. Ja verdammt wir wollten das so. Schließlich geht alle Macht vom Volke aus. Wir sind das Volk und ich bin mittendrin! Hut ab! Glücklich sei die multiple Persönlichkeit, die fortwährend brüllt: »Wir sind glücklich!«

Für mein Autoradio zahle ich GEZ! Seit Monaten spielen sie fünf Musiktitel tot. Es kommt mir vor als wären es zehn Jahre:
» *I am a gipsy*«...»*Are we human or are wedancers?*«...
» *you cannot believe your eyes, if ten million fireflies*«...»*hey soul-sister*«...»*my heart is beating like a jungledruuuum....runngdiggedonduggeediggedonng*«...

Was willst du machen? GEZ-Gebühren zahlen ist wie einen Euro in einen Glücksspielautomaten schmeißen. Am Ende schaltest du das Radio ein, weil du bezahlt hast und lässt dir musikalisch einen kauen, wovon du keinen hoch bekommst. Eigentlich sollte ich mal bei den Öffentlich-Rechtlichen anrufen und fragen *ob ich gut war*....
Aber vielleicht klingelt ja noch mal einer von denen an meiner Tür und dann ramm ich dem mein hartes Teil ungefragt ins trockene Futter! Jungs, es kommen harte GEZeiten! Zieht euch warm an, wird arschkalt! Das erinnert mich daran wie ich mal so eine Gummipuppe aufgeblasen habe, die ich mir scherzeshalber beim Beate-Uhse Shop bestellt habe. Das war so ein zweischneidiges Ding. Eigentlich hab ich die gekauft, um die für einen Kumpel ins Geburtstagsgeschenk zu stecken, weil das ja tierisch witzig ist. Dann ist die Geburtstagsfeier ausgefallen und die Puppe lag bei mir zu Hause rum. Ich hab echt mit mir gekämpft die nicht zu ficken, aber meine Treue hat sich ausgezahlt, denn irgendwann

standen die Zeugen Jehovas bei mir vor der Türe und meine Puppe hatte ihren Auftritt.
»Moment, warten sie mal...« vertröstete ich den Herren und die Dame an der Haustüre. Schnell die Plastikmaid aus dem Karton geholt, aufgeblasen und ab mit der feinen Dame zurück an die Haustüre:
»Ich hab grad wenig Zeit, aber meiner Kollegin hier können sie das alles erzählen! Wenn sie den Eindruck haben, dass sie nicht zuhört, werfen sie unten eine Münze ein!«
Ein Versuch war es wert. Reich geworden bin ich nicht! Aber das Thema *Religion* kommt eh noch später. Da will ich jetzt mal nicht vorgreifen, denn schließlich sitze ich immer noch in meinem alten Opel auf dem Weg zur Scheiße und höre Radio. Was mir bei diesem ganzen gepuschten Radiogedudel einfach in den Kopf steigt, ist, dass wir den ganzen Tag von allen Medien mit so einem herzlosen Einheitsbrei versorgt werden, der mit Geschmack ja nichts mehr gemein hat. Sind wir doch mal ehrlich, wir werden doch tagtäglich mit einer geschmacksneutralen Einheitssülze bedient, und das *en masse*, die einem Kantinenfraß angeglichen und angepasst ist. Die letzte evolutionäre Dekade waren doch die 80er, wenngleich auch die fade ausklangen, um dann noch einmal in der beginnenden Techno-Zeit die Kurve zu kriegen. Danach war doch aus! Oder? Dann wurden die Konserven aufgemacht. Aber was interessiert mich das. Und wen sollte es überhaupt interessieren, was ich denke. Es gehen einem auf dem Weg zum Syndikat aber auch immer die wirrsten Gedankensprünge durch den Schädel. Unglaublich zu dieser *unchristlichen* Uhr-

zeit bereit die Synapsen am Dampfen zu haben. Findet die Freiheit der Gedanken tatsächlich am Steuer ihren maximalen Auslauf? Ist es möglicherweise eine notwendige Schutzreaktion des Körpers, der genau weiß, dass es jetzt noch einmal an der Zeit ist der Phantasie den freien Lauf zu schenken, weil sie später, nach Ankunft am Ziel nicht mehr gefragt ist. Ja, weil dort diktiert ist was du in den folgenden acht Stunden zu denken hast? »Teamplayer« heißt das auf Neudeutsch. Ein guter »Teamplayer« greift die vorgegebenen Gedankengänge aus höher gelegenen hierarchischen Instanzen (Vorgesetzte) auf und bejubelt diese auf das aller Höchste. Kritiklos versteht sich. Was für ein »Teamplayer«.
Überhaupt dieses Wort »Vorgesetzter«. Gegen »Vorgesetzte« bist du völlig machtlos. Das geht nicht nur aus dem eigentlichen Sinn sondern auch aus der Phonetik des Begriffes hervor.
»Da. Dein Vorgesetzter!« *KLATSCH!!* Da sitzt er da vor dir. Wie ein riesengroßer schwerer Sack, der vom Himmel fällt, direkt vor deine Füße. So eine richtige Stolperfalle ist ein Vorgesetzter. Und weil sie so vom Himmel fallen, tauchen sie auch überall auf. An den unmöglichsten Stellen, wo du sie niemals erwarten würdest. Fünfzig Grad im Schatten, wenn es denn Schatten gäbe. Du dehydrierst in der Sahara. Keinen Tropfen Wasser mehr. Du weißt, dass du gleich elendig krepieren wirst, wenn du jetzt keine Flüssigkeit bekommst und... *KLATSCH!!* Dein Vorgesetzter fällt vom Himmel. Er war noch nicht einmal so gnädig dich mit seinem Herunterfallen direkt zu erschlagen, um dich vor dem qualvollen Tod zu bewahren. Nein, er fällt direkt vor dir

herunter und sagt »Aha, aha! Was machen Sie denn hier? Sollten sie nicht an ihrem Schreibtisch sitzen? Ich werde sie abmahnen!«
Und das ist dann das letzte Bild, was du in deinem Leben *vor* die Augen *gesetzt* bekommst.
»Ich kann auch fies sein!«, hat mir einmal eine Vorgesetzte voller Stolz berichtet. Das muss man sich einmal vorstellen. Sie war richtig stolz darauf und hat über beide Ohren gegrinst, als sie dies äußerte. Nicht, etwa, dass sie mir ihre *gottgegebene* Gabe des fies seins etwa hätte beweisen müssen, ich hatte schon bevor sie das äußerte so ein Gefühl, dass hier ihre Stärken liegen. Es wird mir immer unergründlich sein, dass sich ein Mensch mit dieser Eigenschaft rühmt.
Wenn ich jetzt *fies* sein wollte, würde ich sie mir zum Vorbild machen. Eine Funktion, die Vorgesetzte ja innehaben sollten. Im Idealfall. Wunschdenken.

Aber einen gewissen Ekel verspüre ich ja ohnehin bei ihnen, diesen Businessmenschen. Stets im feinen Anzug, den Pimmelzeiger straff um den Hals, glattgewichste Lederschuhe. So treiben sie sich herum auf ihren Konferenzen, auf Tagungen, auf *Meetings*, permanent auf der Suche nach wirtschaftlichen Wachstumsmöglichkeiten, Innovationen, Optimierungsprozessen, Workflow, Cashflow, Flowflow. Aufgesetztes Businesslachen als Zeichen der Wertschätzung ihres Gegenübers schwängert das kommunikationsträchtige Ambiente, innerhalb dessen es von Anglizismen strotzt. Das bleibt schließlich nicht aus und ist zudem *State of the Art*, wenn Senior Consultants, Operating Engineers, Sales Representatives, Creative Directors, Marketing Manager,

Image Designer, Personal Recruiter, Headhunter, IT-Specialists und System Developer aufeinandertreffen und *smalltalken*. Eine feine Gesellschaft ist das. Jedes Mal, wenn ich unter ihnen weilen muss, bin ich angeekelt-fasziniert. Das ist so wie ein Fäulnisgeruch, dem man sich vor lauter Abneigung wieder zuwenden muss, weil er so unbegreiflich übel ist. Ja, ich bin der gesellschaftliche Hund, der schwanzwedelnd am Häufchen schnüffelt. Ich gestehe, dass ich trotz meiner Einstellung oder vielleicht auch gerade wegen dieser Einstellung meinen Aufenthalt in Hotels immer sehr genieße. Wenn es einen der feinen Herren einmal ans stille Örtchen lockt, dann kommt der Reviermarkierer zum Vorschein. Soeben noch in finanzstarke Geschäftsgespräche involviert, lässt er nun völlig entspannt die Hosen fallen, zückt den Löres hervor und sowie der goldene Strahl den Marmor trifft, wird mit zurückgelehntem Oberkörper bei gedehnten Schultern die Muffe geöffnet und ein segenbringender, lang anhaltender, sich in die Ewigkeit gähnender Furz erblickt das Licht der Welt. Mit einem stolzen und lebensbejahenden Seufzer wird dieser begrüßt, bevor der gasende Sound dünner wird und zwei Tonleitern höher mit ruckartigem Zukneifen der Gesäßmuskulatur zum Erliegen kommt.
Da hatte sich ganz schon etwas angestaut. Ohne sich die Hände zu waschen verlässt mein *Businessman* den Sanitärbereich um nahtlos an seine Konversation anzuschließen. Jedes Wort aus seinem Munde ist nun wieder bare Münze.
Dann sind da noch diese Konferrenzraumflaschen. Nein, ausnahmsweise handelt es sich hierbei nicht um ebensolche Leibesfrüchte im Businessmantel,

sondern tatsächlich um Glasflaschen mit trinkbarem Inhalt. Jeweils 0,1 l enthalten sie. Wahlweise Apolinaris, Granini-Apfelsaft, Granini-Orangensaft, Coca-Cola. Ich wiederhole: 0,1 l. Eine Menge, mit der man nicht das homöopathischste Durstgefühl der Welt in den Griff bekommen würde. Aber wer bitteschön hätte denn hier auch einen echten Brand vor 18.00 Uhr im blauen Hemd??? Nicht zu viel und nicht zu wenig. So ein Fläschchen passt auch gut in jeden Arsch. Es ziemet sich auch nicht ein zweites zu öffnen, den Inhalt zischend die Kehle hinunterlaufen zu lassen und laryngopharisch-sprudelnd aufzugasen. Stattdessen wiederholen sie wollüstig ihre Lieblingsworte, meine Freunde: »*sukzessive* «, »*roundabout* «, »*anyway* «, and so on…

Nach der allmorgendlichen Carglass-Werbung im Radio, dem Höhepunkt der Spießrutenlaufanmutenden Verbraucherinformationen, erscheine ich wie sonst werktags üblich, mal zu früh und mal zu spät vor zugemauerten Pufftüren. Danke mein Leben, dass es Dich gibt. Zeige mir den Notausgang! Ich muss hier raus. Dich beenden. Mein Leben neu gestalten. Hallo Leben, kannst du mich hören? Ich sehne mich nach einer Frau, einer Partnerin, nach Liebe, nach Familie nach Zweisamkeit und Dreisamkeit und Viersamkeit. Liebes Tagebuch, ich fürchte ich werde wieder einmal einer dieser Partnerbörsen im Internet zum Opfer fallen. Wenn Du es nur halb so tragisch siehst wie ich, dann verzeihst Du mir ja schon. Aber was gibt es denn für eine andere Option? Wie oft habe ich zum Abend hin aus Verzweiflung heraus die Düsseldorfer Altstadt besucht und dies in der Hoffnung einen Menschen kennenzulernen, mit dem ich vom Herzen her zusammenwachse? Und was ist immer daraus geworden? Irgendwann lag ich grundsätzlich sternhagelvoll am Wegesrand und wusste nicht mehr, wie ich heimkommen soll. Was sollte ich auch zu Hause? Dort kannte mich niemand. Na gut, einmal war es natürlich ganz witzig, als ich mich am Hafen als blinder Passagier auf dieses Schiff geschummelt habe und auf die Reise gegangen bin und schön vom Buffet gegessen habe und vom Schampus gesoffen habe, bis es dann auffiel und ich von der ganzen Sache *Zahnfleischbluten* bekam. Aber das war mir der Spaß schon wert. Und einmal als ich in Ratingen bei einer Familie aufgewacht bin, die mich unterwegs aufgelesen hatte, woran ich mich nicht erinnern konnte und plötzlich im Ehebett einer Rita lag, deren Mann bereits zur Arbeit gegangen war und sie mich mit Pfannkuchen mit Ahornsirup und erstklassigem Kaffee zum Frühstück beglückte und wir im Anschluss die hauseigene Sauna im Keller besuchten, um die Nacht auszuschwitzen. Das sind zuletzt jedoch nur kleine Anekdoten und sie bleiben die Ausnahme. Aber ist es nun der Weg des Lebens, tagtäglich vor den zugemauerten Pufftüren zu stehen, von dort zurückzukehren und den Rest des Tages in Einsamkeit zu verbringen? Nun gut, es gibt den Supermarkt um die Ecke. Na klar, dort kennt man mich, denn ich komme ja jeden Abend vorbei und kaufe stets dasselbe! Fünf Flaschen Bier, eine Schachtel Kippen und was zu essen für den Tag darauf. Natürlich ärgere ich mich über diejenigen, die beim Syndikat jeden Tag für 6,50 Euro etwas zu essen bestellen. Die Welt, die ich beklage, die schaffe ich mir sicher selbst. Aber andrerseits wird auch niemand vor meiner Haustüre stehen und mich aus dem Schlaf erwecken. Es gibt nur die eine Möglichkeit. Ich *muss* ins Internet und dann wird alles gut. Ganz bestimmt. Das eine Mal lasse ich es noch darauf ankommen. Vielleicht wird ja wieder ein Buch daraus…wer weiß…

*D*ie kommenden zehn kurzen Geschichten sind in der sehr frühen Phase meines literarischen Schaffens entstanden. Ich nenne sie gerne die „naive Epoche". Ich war jung, hielt mich für außerordentlich klug und wortgewaltig und war der festen Überzeugung, dass es nur einer schrägen Geschichte bedarf, um zum Beispiel Ruhm und Anerkennung zu erhalten, bzw. unendlich reich zu werden. Bisweilen schäme ich mich heute sehr für diese Geschichten und genau deshalb veröffentliche sie auch an dieser Stelle, weil ich im Laufe meines Lebens das Gefühl der Dauerscham schätzen und lieben gelernt habe. Darüber hinaus ist es mein Bestreben, bis zum Tage meines endgültigen Ablebens sämtliche von mir erfassten Texte der Nachwelt in Büchern zu hinterlassen. Dazu gehören auch diese, die keiner braucht und die der Menschheit keinen Dienst erweisen. Trotz alledem haben aber auch diese Geschichten im Kern immer einen kleinen Bezug zu seinerzeit aktuellen Themen. Und übrigens, da ich auch ein sehr übler Verkäufer bin, behaupte ich einmal, dass man nach den kommenden zehn Geschichten bereits das Schlimmste aus den „zugemauerten Pufftüren" hinter sich gelassen hat. Wer diese Geschichten überspringen möchte (es gibt gute Gründe hierfür), dem rate ich ab Seite 96 weiterzulesen.

Der Tag an dem nichts geschah

Es geschieht mit einer Selbstverständlichkeit, die ihresgleichen sucht – und dies jeden Tag. Tag ein Tag aus. Beispiellos ist auch die Planbarkeit in dem darin verborgenen Selbstverständnis. Es mag wohl das Jahr 1950 gewesen sein, vielleicht auch ein anderes Jahr, aber irgendwann zu dieser Zeit begann das Unfassbare, das ein kalkulierbares Risiko auf jenes Minimum reduzierte, welches heute eine Selbstverständlichkeit bildet. Möglicherweise bestand auch zu jener Zeit dieses Risiko nicht, jedoch machte es die Entwicklung der Medien, die seinerzeit im Vergleich zu heute wohl noch Kinderschuhe trugen, möglich, das Risiko einzugehen, das nicht kalkulierbare Risiko serienmäßig einzuplanen und gewinnbringend einzusetzen. Das Heute beweist, das jedwedes spekulative Geschäft, sei es noch so sicher, wenn es das gibt, im Vergleich zu dieser Einrichtung, wohl das Sicherste zu sein scheint, was da überhaupt ist! Um nicht zu weit ausholen zu müssen, gehe ich von hier aus nun direkt in den erstbesten noch geöffneten Kiosk und erwerbe dort ein Fernsehprogramm für die nächsten drohenden 14 Tage! Dieses Fernsehprogramm, welches sich nun scheinbar sicher in meinem Besitz befindet, das Festhalten desselben in meiner Hand unterstützt diese Annahme, stellt auf seine Weise das grundlegende Nachschlagewerk für meine nun beginnende Recherche dar. Alsbald beginne ich in den Registern zu stöbern, denn 14 Tage Voraussicht, das bedeutet je zwei Mal „ Mo – Di – Mi – Do – Fr – Sa – So" und dies jeweils 24 Stunden pro Register, bei 36 potentiellen Sendeanstalten! Bleiben wir ruhig wissenschaftlich und halten fest: Es gilt 14 mal 36 Kanäle auf Ihre Zukunftsprognosen hin zu untersuchen. Nehmen wir einen durchschnittlichen Wert von 25 an, was die Anzahl der täglich ausgestrahlten Sendungen pro Sendeanstalt betrifft, so kämen wir auf 14 x 36 x 25 atomare Datensätze, was einer Anzahl von 12600, also gerade mal 1000 Datensätzen pro Fernsehtag entspricht, dies allerdings nur vorausgesetzt, man verbrächte zwei fernsehfreie Wochenenden, um diesen groben Näherungswert beibehalten zu können. Jedoch richtet sich mein Augenmerk auf eine gezielte Sparte von Sendungen, nämlich auf Nachrichtensendungen. Und da ich es mir ganz wissenschaftlich einfach machen möchte, löse ich die Gleichung hiermit auf und stelle fest, es gibt x Nachrichtensendungen pro Tag auf x Kanälen und da ich mir dieser Zahl sicher bin, kann ich das Fernsehprogramm getrost bei Seite legen und mich der eigentlichen Fragestellung widmen! Wenn wir das Jahr 1950 als wahre Bedingung nehmen, so ist dies der Zeitpunkt, an dem erstmalig die Tagesschau ausgestrahlt wurde! Der Name „Tagesschau" verriet bereits damals, dass es sich hierbei um eine Sendung hielt, die täglich zur Ausstrahlung kommen sollte. Unablässige Bedingung hierfür war bereits seinerzeit schon, dass es täglich etwas zu berichten gäbe! Dies ist das genannte Risiko und die Vergangenheit zeigt es bis zum heutigen Tage, dass dieses Risiko nicht existiert! Nun wollen wir aber einmal das unmögliche geschehen lassen! Wie sähe es denn aus, wenn die Tagesschau, bleiben wir ruhig beim seriösen Klassiker, am Abend um 20.00 Uhr die Glocken läutet und wir sehen einen peinlich berührten Sprecher, mit gescheiteltem Haar, der uns berichtet: „Guten Abend meine Damen und Herren! Leider gibt es heute nichts zu berichten!" Nun gut, er könnte direkt zum Wetter schwenken, denn Wetter war auch an diesem Tage und Wetter wird voraussichtlich auch am Folgetage sein. Er könnte auch Bilder der Pandabären in einem Zoo x-beliebiger Stadt zeigen, die ihrerseits es ebenfalls bevorzugten, an diesem Tage NICHTS zu tun! „Ja", könnte der Nachrichtensprecher beharrlich an der Sinnigkeit seiner Sendung festhaltend behaupten, „diese Pandabären saßen heute im Zoo und taten nichts, wenngleich ich hiermit festhalten möchte, dass sie zumindest atmen mussten, sonst hätten wir an diesem Tage über ihren Erstickungstod zu berichten, was jedoch nachrichtentauglicher gewesen wäre, als über diese dennoch atmenden Pandabären Bericht zu erstatten!" Der Intendant des Nachrichtensenders erkennt sobald die Gefahr, dass dieser Mann, der da als Nachrichtensprecher nichts zu tun hat eigentlich überflüssig ist und entlässt ihn seines Amtes, um Kosten einzusparen! Dabei erkennt er nicht, dass die Nachrichten am nächsten Tage über diese zutiefst unmenschliche Geste des Intendanten berichten werden! Was macht denn hier der Intendant? War es ein kluger Schachzug von ihm, den Nachrichtensprecher zu entlassen, damit es am Folgetag etwas zu berichten gäbe und somit die Nachrichten, diesmal jedoch ohne Sprecher, zumindest als Hintergrundkulisse ausgestrahlt werden? So würden die Nachrichten ohne Sprecher ausgestrahlt werden und ein leeres Rednerpult zeigen, an dem wiederum niemand über die Entlassung des hier nicht anwesenden Nachrichtensprechers berichten könnte. Aber lassen wir doch der Einfachheit halber den Nachrichtensprecher vorerst in seinem Amt, damit er auch möglicherweise später nichts zu berichten weiß. Wenngleich die Schlagzeile des nächsten Tages ja bereits feststeht. Denn die Nachrichten werden über sich selbst berichten. Die Schlagzeile könnte ungefähr so lauten: "Skandal – Nachrichten haben nichts zu berichten!" Und somit zitieren die Nachrichten ihre eigene Schlappe, die durch nichts anderes hervorgerufen wurde, als dass die Menschheit imstande war 24 Stunden sich nicht selbst zu vernichten, nicht einmal dem Nächsten eine Ohrfeige zu geben, oder über ihre Vernichtung nachzudenken und im Kreise hoher Amtlicher und Politiker darüber zu tagen. Wenn man die Nachrichten für einen Moment außer Betracht lässt und sich den Tag, an dem nichts geschah, einmal als solchen vorstellt, dann müsste er wohl wie folgt aussehen: Eine große Wiese, die wohl imstande ist, bis zu 10 Milliarden Menschen bequem aufzunehmen. Für die Wiese kein Problem. Problematisch aber für die Menschen verschiedener Nationalitäten, verschiedener Sprachen und natürlich verschiedener Religionen. Da kämen die die Angehörigen der einen Religionsgruppe und würden die Schweinswürstchen auf dem Grill beanstanden (Es ist selbstverständlich, dass sich nahezu 10 Milliarden Menschen nicht ohne Grillfest auf der Wiese versammeln würden) und sich davon distanzieren. Da käme die andere Sprachgesellschaft, die sich beklagen würde, dass der Organisator dieser Veranstaltung die Speisenkarte nicht in seiner Landessprache übersetzt hätte und die nächste Nationalität käme und würde beanstanden, dass sie am Tisch nicht mit dem zugeteilten Tischnachbarn sitzen wolle, weil die Nationalitäten in einem gespannten Verhältnis zueinander stünden. Der Nachrichtensprecher wäre ohnehin sehr unpässlich, weil er dazu gezwungen ist, an diesem Tage hier zu sein, dabei würde er viel lieber in den 20.00 Uhr Nachrichten von diesem einmaligen Ereignis berichten. Kurzum, der Weltkrieg wäre da und dies alles nur, weil die Gäste keine Tischmanieren haben! Es wäre nicht der erste Weltkrieg, der um eine Banalität entfacht wäre, jedoch der erste Weltkrieg, der durch ein nicht zustande gekommenes Abendessen ausgelöst wäre. Im Grunde wäre es der der vierte Weltkrieg, da der dritte sich ja bereits schleichend und in Raten vollzieht. Darüber hinaus bekäme der Ausdruck des letzten Abendmahles einen völlig neuen Charakter, weil Judas diesmal der Nachrichtensprecher ist, der sich klammheimlich verzieht, um doch noch über das Ereignis in den Nachrichten zu berichten, womit er jedoch alleine ist, da an diesem Abend niemand die Nachrichten schaut, weil alle Menschen gemeinsam auf einer Wiese in den vierten Weltkrieg verwickelt sind! Schon aber haben die Organisatoren dieser Veranstaltung Mühe und Not, aus der anwesenden Weltbevölkerung die ausgebildeten Müllmänner und -Frauen ausfindig zu machen, die am Morgen nach dem Weltkriege die Pappteller und das Plastikbesteck zusammensammeln würden, um den Veranstaltungsort nach beendetem Kriege sauber zu hinterlassen. Denn diese haben sich wissentlich ihrer bevorstehenden Herausforderung der Müllbeseitigung zusammengetan und feiern eine wilde und zügellose Orgie am Rande der Veranstaltung, wo sie unbeobachtet sind, da sie ohnehin wissen, dass sie nach dem Weltkrieg aufräumen müssen und sich daher gar nicht daran beteiligen möchten. Für sie ist es ab 5.00 Uhr in der Früh an der Zeit, das entstandene Chaos zu beseitigen. Dem Nachrichtensprecher, der bereits auf Sendung ist (wie er jedenfalls meint) lobt außerordentlich die günstige Wetterlage und Hoch Julius habe es erst möglich gemacht, dass das Wetter bei dieser Veranstaltung so gut mitgespielt habe und dieser vierte Weltkrieg ein gelungenes Fest geworden sei, das nachhaltig in der Erinnerung aller verbleiben werde! Mohamed, ein wohl angesehener Araber, der im Übrigen mit Terror nichts am Hut habe, wie er später beim Wackelpudding, während einer wohl verdienten Halbzeitpause des Krieges gegenüber Anuschka, der Kinderkrankenschwester aus Novosibirsk, versichert, legt noch einmal Holzkohle auf den Grill, damit der Schmaus auch während der Kampfhandlungen ungehindert fortgeführt werden kann. Gut, dass es noch Menschen gibt, auf die man sich verlassen kann! Aus der britischen Liga lautet der Ruf nach Bier, denn Krieg mache natürlich durstig und man sei schließlich hergekommen, um Spaß bei der Sache zu haben. Und wenn nun schon mit konventionellen Waffen Krieg geführt werden müsse, so erwarte man wenigstens ein Bier gebraut nach dem deutschen Reinheitsgebot! Dies gefiel Piotr, dem Versicherungskaufmann aus Krakau wahrlich nicht und er erhob den Anspruch der Schaffung des ersten wirklich rein gebrauten Bieres als kulturelles Eigentum für sein Land. Denn in Pilsen habe man beim Amte die Bücher, in denen alles dokumentiert sei! „Egal" schrie Peer, ein Niederländer aus Maasstricht, „Hauptsache wir haben beim Krieg etwas zu trinken! Lasst uns doch jetzt nicht auch noch streiten wegen einer solchen Kleinigkeit!" Peer bekam Bestätigung aus Uruguay. Die Schlacht war bereits in vollem Gange und bald im Begriff, sich ihrem Höhepunkt zu nähern, als Kalle (diesmal ein Deutscher) plötzlich lauthals schrie: "Scheiß Frikadellen!!" In diesem Augenblick schwiegen nahezu 10 Milliarden Erdenbürger und es ward still auf der Erde wie nie zuvor. Der Blick aller Menschen richtete sich gegen Kalle, der wie gelähmt den Blick der Weltbevölkerung ertrug. Lange Zeit wurde nichts gesagt. Alle starrten auf Kalle. In der Menschenmasse tat sich nun eine gewaltige Kluft auf, wie man sie aus biblischen Szenen kennt. Der Weg darin war gepflastert mit feinsten italienischen Marmorfliesen (Und wenn es solche sonst nicht gibt, heute gab es sie). Zeitgleich hörte man aus der Ferne den tonangebenden Schritt glänzend polierter Cowboystiefel. Der Träger dieses Schuhwerks richtete seinen Gang gen Kalle. Es wäre absurd gewesen, wenn jetzt nicht kein geringerer als der amerikanische Präsident auf ihn zugekommen wäre, der sich natürlich für diesen Abend hatte von anderen dienstlichen Verpflichtungen, die ja ohnehin nicht stattfanden, befreien lassen. Aug' in Aug' stand er nun vor Kalle und erhob das Wort: "Dir gefällt also unser Krieg nicht, Deutscher?" Kalle entgegnete machtlos: "Doch Herr Präsident, es ist der wundervollste Krieg, den ich jemals sah! Es waren lediglich die Frikadellen..." Barsch entgegnete der Präsident: "Sind es die Frikadellen, so ist es auch dieser Krieg, der dir nicht gefällt! Von keinem anderen als von einem Deutschen hätte ich es erwartet." Kalle wusste nicht recht, wie ihm geschah und er glaubte in eine Demutshaltung fallen zu müssen, wenn da nicht der

Präsident bitterlich zu weinen begonnen hätte. "Mein Krieg!" wimmerte er "Mein schöner, schöner Krieg! Alles ist nun vorbei!" Die Weltbevölkerung bemerkte alsbald, dass der Abend bereits fortgeschritten war. Also bauten sie Ihre Nachtlager auf und widmeten sich der Ruhe. Kalle aber tröstete den Präsidenten vermutlich die ganze Nacht hindurch und reichte ihm fortwährend Taschentücher, um seine Tränen zu trocknen. Es war ein Deutscher, der den Krieg kaputt gemacht hatte und der sich dafür verantwortlich fühlen musste, der gesamten Menschheit diesen schönen Grillabend verdorben zu haben. Eine Vereinbarung aber rettete Kalle. Es waren die Allgemeinen Geschäftsbedingungen der Veranstalter, die natürlich eigens für die Umsetzung des vierten Weltkrieges eine GmbH gegründet hatten. In der Präambel lautete es nämlich unter §8 Absatz 2, dass jeder nach der Veranstaltung geschlossen heimgehen müsse und niemandem etwas davon erzählen dürfe, da es sich um eine Geheimveranstaltung handele. Alle Parteien müssten sich nach dem Ereignis geschlossen voneinander trennen und verpflichteten sich über alle Ereignisse Stillschweigen zu bewahren. So schlief man auf dem Schlachtfeld ein. Auch der Präsident kam mittlerweile zur Ruhe, hatte Anuschka ihm noch eine warme Milch mit Honig bereitet und als zusätzliches Trostpflaster durfte er sogar noch einen Blick in Anuschkas großzügig ausgeschnittenen Blouson werfen. Gegen 5.00 Uhr ließen auch die Reinigungskräfte voneinander ab und begannen mit den Aufräumarbeiten. Als auch nach dem angebrochenen Morgen gegen 10.00 Uhr der letzte Langschläfer den Platz verlassen hatte, taten alle auf der Welt so,

als wäre nichts geschehen. An diesem Abend berichteten die Nachrichten von einem ereignislosen Tag und alle gaben sich damit zufrieden.
So könnte er wohl aussehen, der Tag, an dem nichts geschah. Sicherlich, er könnte auch ganz anders aussehen. Nichts ist in sich verschiedener als das Nichts und kein Ereignis könnte unterschiedlicher sein als kein Ereignis! Ist es nicht schön, eine Fernsehzeitung zur Hand zu nehmen und zu wissen, dass einem kein Geheimnis erspart bleibt? Und wer wird der nächste Superstar, der das Lied singen darf mit dem Text „Hier ist das erste deutsche Fernsehen mit der Tagesschau"?

Hypochonder

Es war eine Madagaskar-Palme, die mir zum Verhängnis werden sollte. In Kombination mit meinem peripheren Nervensystem wurde dieses stachelige Gewächs zu einer tödlichen Bedrohung. Eigentlich dienen die körpereigenen Reflexe ja dem Schutz von Leib und Leben, aber mein hier aufgezeigter Fall zeigt sehr deutlich, wie gefährlich es ist, sich auf die Schutzmechanismen des eigenen Köpers einzulassen, ihnen zu vertrauen und wie machtlos man ihnen ausgeliefert sein kann. An diesem Morgen, ich kam gerade aus dem Bad, mag es halb sieben gewesen sein als ich mit Bademantel bekleidet den Weg ins Wohnzimmer wagte, um dort die Fenster zum Lüften zu öffnen, bevor ich zum Ankleiden den Weg ins Schlafzimmer nehmen wollte. Im Regelfall öffnete jemand anders morgens die Fenster. Es war stets die erste Amtshandlung meiner besseren Hälfte dies zu tun. Für gewöhnlich saß ich dann aber schon in der Küche beim Kaffee und hörte, wie die Schlafzimmertür geöffnet wurde gefolgt von dem Geräusch, das ein Fenster verursacht, wenn es auf Kippstellung gebracht wird. Wenn mich etwas wirklich langweilt, dann ist es die Zukunft vorhersagen zu können und zu wissen, was als nächstes geschehen wird. Auch wenn es sich hierbei um unspektakuläre Ereignisse wie dem Öffnen von Fenstern handelt. Zudem bin ich der Überzeugung, dass wenn eine Handlung zwanghaft wird, sie ohne Zweifel als Neurose bezeichnet werden darf. Wenn das Öffnen der Schlafzimmertür als zwanghafte Folgehandlung das Öffnen der Fenster fordert, ist man kein freier Mensch mehr, sondern bereits ein Sklave seiner selbst. Die Entscheidung, an diesem

Morgen das Lüften der Wohnung selbst in Angriff zu nehmen, hatte somit einerseits dramaturgische wie auch therapeutische Beweggründe. Ich wollte einfach einmal alles anders machen und den gewohnten Dingen einen anderen Verlauf geben. Zudem bringt dies Abwechslung in einen eingesessenen Alltag und vermag sogar eine Partnerschaft jung zu halten und ihr frischen Aufwind zu verleihen. Mein Entschluss stand demnach fest: Heute würde ich die Fenster öffnen. So tappte ich denn im halbdunklen Raum Richtung Fenster. Ein wenig ist es schon mit einem Geduldsspiel zu vergleichen bei einem gerade mal geschätzten siebeneinhalb Zentimetern tiefen Fensterbrett, welches bis auf den letzten Quadratmillimeter zugestellt ist mit allerlei dekorativem Schnickschnack, wie zu Bällen gedrillten Astgeflechten, Teelichthaltern in den mannigfaltigsten Ausführungen, leeren Zierflaschen mit Bunten Glasverschlüssen, gesammelten Steinen und Muscheln aus aller Welt , sowie selbst gezogenen Ficcus-Benjamini Stecklingen und natürlich einer alles überragenden Madagaskar-Palme, die nichts Besseres zu tun hatte, als nach der Betätigung des Fenstergriffes durch die Neigung des Fensters ohne weitere Vorankündigung nach vorne zu kippen und zu Boden zu stürzen. All dies wäre halb so schlimm gewesen, wenn ich nicht reflexartig nach ihr gegriffen hätte, um sie vor dem Fall zu bewahren. Undankbar für diese Rettungsaktion, bohrte die Palme ihre Stacheln in die nach ihr greifende Hand, wobei mehrere davon abbrachen und in meiner Handfläche sowie dem Handrücken verweilten, während die Palme es sich dennoch nicht nehmen ließ, weiter Richtung Boden zu fallen. Sie schaffte es aus eigenem Antrieb sogar bis ganz unten. Meine Hand, die innerhalb von Bruchteilen von Sekunden zu glühen begann, als hätte ich sie zum Anrösten auf einen Grillrost gelegt, konnte ich im Halbdunkeln nicht auf Anhieb betrachten. Bedingt jedoch durch die Tatsache, dass mich der Schmerz meiner Hand, sowie der plötzlich einsetzende Ärger über diese relativ unnötige Situation veranlasste, schlicht und einfach lauthals und ausdrucksstark das in den dunklen Raum zu brüllen, was ich tatsächlich empfand und dachte: "Scheiße! Scheiße!" Zeitgleich stampfte ich mit dem Fuß auf den Boden. Die Unruhe, die ich damit auslöste, ließ auch gleich die Schlafzimmertür aufgehen und somit meine bessere Hälfte im Raum erscheinen mit deren Betreten des Raumes auch zeitgleich das Licht im Wohnzimmer anging und mir eine Frage entgegenschwappte: „Was ist hier los?" Es brauchte keine großen Worte, die Vorfälle der letzten 2 Minuten zu erklären. Das Chaos auf dem Boden sowie der Anblick meiner offensichtlich verletzten Hand, ließen untrügliche Rückschlüsse zu. Als Kind bin ich immer Kastanien sammeln gegangen. Einmal hatte ich mich dabei relativ gekonnt auf die Nase gelegt und versuchte meinen Fall zu Boden mit einem gekonnten Auffangen des Falls durch ein Aufstützen der Handfläche abzumildern. Unglücklicherweise griff ich im Fall auf eine am Boden liegende Kastanie, die noch in ihrem Stachelkleid hauste. Ja, ein wenig wurde mir sogar warm ums Herz nun im Wohnzimmer stehend mit Madagaskar-Palme-Stacheln in der Hand, diese kindlichen Erinnerungen zu haben. An dieser Stelle könnte diese Geschichte enden und alles gut werden, denn es ist viel geschehen und eine Spannungskurve ist gezeichnet. Ich – zu doof ein Fenster zu öffnen – bringe ein giftiges Stachelgewächs zu Fall, verletze mich daran, und sehe daraufhin einem Engel gleich meine bessere Hälfte im weißen Morgenmantel mit blondem langen wehendem Haar vor mir stehen. Heldenhaft verzerre ich nun mein Gesicht vor Schmerz und lasse mich von meiner besseren Hälfte in den Arm nehmen, die mir dabei tröstend ins Ohr flüstert: „Alles wird gut, mein Held!" Es kam jedoch anders. Das Licht brachte es an den Tag. Ein Stachel hatte sich auf meinem Handrücken in eine Vene gebohrt, weshalb diese aufplatzte und nun das Blut in mein Unterhautfettgewebe laufen ließ, um somit meine Hand anschwellen zu lassen. Erst golfballgroß, dann tennisballgroß, handballgroß, fußballgroß und zuletzt erdballgroß. Ich fühlte mich wie eine Zecke, die sich mit Blut voll gesaugt und großem Corpus von ihrem Opfer fallen ließ und sich um ein zig-faches ihres eigenen Körpervolumens vergrößert hatte. Tragisch an meiner Situation war jedoch, dass ich quasi in mich selbst hineinblutete und mich selbst aussaugte, um dann am Ende sozusagen in mir selbst zu verbluten. Dies alles hätte ich noch verkraften können, weil ich fest daran glaubte, dass ich mich nach beendetem Ausbluten in mir selbst auch wieder in mich selbst resorbieren könnte. Kurz hatte ich den Begriff „Eigenbluttherapie" im Kopf. Aber da war noch etwas anderes, was mich sehr beunruhigte. Die Madagaskar-Palme hatte ihren Stachel, der sich in meine Vene bohrte abgebrochen. Die abgebrochene Stachelspitze musste sich demnach nun in meiner Blutbahn befunden haben. Der venöse Rückfluss führt sauerstoffarmes Blut unterstützt durch den Muskel-Tonus zurück zur Lunge. Zielstation des nun freischwimmenden Stachels war meine Lunge. Dort angelangt würde er unweigerlich eine Lungenembolie hervorrufen, die zu 90 Prozent mit letalem Ausgang einhergehen würde. Die Tatsache, dass ich mich im Moment noch so gut fühlte, war sicherlich drauf zurückzuführen, dass der in mir wandelnde Stachel sich in einer Venentaschenklappe verfangen hatte, was mir ein wenig Aufschub gab. Was nun? Für einen Moment dachte ich ernsthaft darüber nach, mich in die Ambulanz eines Hospitals zu begeben, um den Vorfall des Morgens zu schildern. In meinen Gedanken sah ich einen Dienst habenden und von der Nachtschicht übermüdeten Arzt, der sich meine Geschichte anhörte und dabei sorgenvoll die Stirn in Falten zog. Ein gut aussehender Arzt Anfang dreißig, strahlend weiße Zähne, gesund-braune Gesichtsfarbe, langes lockiges Haar, sportlich, Womanizer-Typ, gut situiert, NR, ohne finanzielle Interessen, noch bei Mama zu Hause wohnend, die ihm warmen Kakao am Abend zuvor in eine Glasflasche für den langen Dienst gefüllt hat, Tennissocken mit rotem und blauem Ringel am Bündchen, aber ein grundsätzliches Problem : von Medizin keine Ahnung! Ich sehe, wie ich versuche ihm mein Problem zu schildern, ihn versuche von der akuten Gefahr, die mich betrifft zu überzeugen. Aber ich habe keine Chance. Genau in diesem Moment bekomme ich eine Angina-Pectoris-Anfall. Nun ist aber Holland in Not. Sofort wird der Chefarzt über veralteten analogen Eurofunk informiert. Rote Alarmlampen in rotieren, Sirenen heu-

len. Ich lande auf der Intensivstation. Ich werde vollgepumpt mit Kontrastmittel. Hitzewellen gehen durch meinen Körper.
Röntgengeräte, Computertomograph, sicherheitshalber Herz-Lungenmaschine, das ganze Programm wird an mir angeschlossen. Mir werden elektronische Micro-Roboter injiziert, die per WLAN Softwareupdates bekommen und alles, was sie erkennen mit einem gescannten Bild eines abgebrochenen Madagaskar-Palmen-Stachels vergleichen, um diesen mit dem virtuellen Phantombild abzugleichen und zu identifizieren.
Die Technik tut ihren Dienst.
Derweil ist es bereits 10.30 Uhr und somit Frühstückspause auf Station M5. Am Frühstückstisch drehen sich die besorgten Gespräche um den Patienten mit dem Madagaskar-Palmen-Stachel im Blutkreislauf. Oberarzt Dr. Dr. Bötzkes beißt andächtig in ein Mohnbrötchen mit Camembert und bitterer Orangenmarmelade (das mag er am liebsten) und verweilt jedoch nach fünf bis sechs immer langsamer werdenden Kaubewegungen, bis sein Unterkiefer plötzlich stillsteht. Diese Situation hält für circa dreißig Sekunden an. Schwester Magarete, Schwester Paula, Pfleger Bernd, Zivi Michael, Praktikantin Uschi sowie der plötzlich in den Raum tretende Stationsarzt A.i.P Ralf Schrömges bemerken sofort, dass Oberarzt Dr. Dr. Bötzkes nachdenklich und besorgt ist. Mit einem tiefen Atemzug und immer noch vollem Mund bricht er sein Schweigen, um der angespannten Situation ein Ende zu bereiten und seufzt sorgenvoll: „Unser Madagaskar-Palmen-Stachel-Patient....", beginnt er, „wenn es gut läuft bekommt er einen Herzinfarkt.

In einem Koronargefäß könnten wir den Stachel leicht ausfindig machen, per Koronarangiographie. Bekommt er indes eine Lungenembolie oder gar einen apoplektischen Insult, das heißt, sollte dieser Stachel seinen Weg tatsächlich bis ins Gehirn finden, sieht es schlecht aus. Natürlich könnte die Neuro-Chirurgie ihm die Schädeldecke öffnen, aber das gleicht dann doch eher der sprichwörtlichen Suche nach der Nadel im Heuhaufen. Ich sehe da keine Chance!" Während das Wort „Chance" in meinem Hirn mehrfach nachhallte und dabei zunehmend ausgeblendet wurde, wie ein Musiktitel, der am Ende leiser wird, verschwanden auch die Bilder aus dem Krankenhaus in meinem Kopf und ich kam langsam und allmählich wieder zu mir und sah mich zurück zu Hause mit verletzter Hand und ohne eine Entscheidung getroffen zu haben, was nun geschehen soll. Kurzerhand entschied ich mich dazu, mir mit einer Pinzette zumindest die sichtbaren Stachel aus meiner Hand zu entfernen, um mich danach nun doch für die Anreise zur Arbeit bereit zu machen. Natürlich machte ich mir an diesem Tage zum Ziel, besonders gut auf Veränderungen meines Befindens acht zu geben. Symptome wie Pochen, Hitzeentwicklung, Rötung, Entzündungsschmerz, Fieber, Wahnvorstellungen, Halluzinationen (insbesondere Verschiebungen im Raum-Zeitkontinuum, Wurmlöcher…oder ähnliches) wären ein unmissverständliches Signal gewesen, sofort einen Notarzt zu konsultieren. Wie sagte meine bessere Hälfte an diesem Morgen: „Denk dran, es ist Freitag. Samstag und Sonntag kannst Du arztmäßig vergessen. Da geht auch nur Scheiße ab, wenn was ist. Geholfen wird erst Montag wie-

der!" Der Freitag blieb ruhig. Noch nicht einmal eine rote Linie wollte sich auf meinem Arm abzeichnen, die in Richtung Herz lief, um eine Blutvergiftung zu kennzeichnen. Ich wusste ja auch, dass mein Tetanusschutz bereits seit mehr als einem Jahr abgelaufen war. Grund genug, dann auch einmal in sich hinein zu horchen. Als ich am Samstagmorgen darauf erwachte hatte ich Kopfschmerzen. Für einen Moment lang glaubte ich, der Stachel hätte den Weg zu meinem Gehirn gefunden und würde dort ein wenig Unfug machen. Könnte ja sein, dass er in einem kleinen und unwichtigen Hirnareal Halt gemacht hat, was nur ein bisschen Kopfweh macht. Möglicherweise blockierte er sogar ein Hirnareal, durch dessen Dysfunktion ich zukünftig ein glücklicher Mensch werden könnte? Niemand weiß so richtig, ob es je einen solchen Madagaskar-Palmen-Stachel gegeben hat und wenn es ihn gegeben hat, wo er sich heute aufhalten könnte. Vier Tage nach diesem tragischen Ereignis bin ich glücklich diese Geschichte aufschreiben zu können und kann besten Gewissens sagen, ich erfreue mich tatsächlich allerbester Gesundhei-
iiiiiiiiiiiiiiiiiiiiiiiiiiiiiiiiiiiiiiiiiiiiiiiiiiiiiiiiiiiiiiiiiii
iiiiiiiiiiiiiiiiiiiiiiiiiiiiiiiiiiiiiiiiiiiiiiiiiiiiiiiiiiiiiiiiiii
iiiiiiiiiiiiiiiiiiiiiiiiiiiiiiiiiiiiiiiiiiiiiiiiiiiiiiiiiiiiiiiiiii
iiiiiiiiiiiiiiiiiiiiiiiiiiiiiiiiiiiiiiiiiiiiiiiiiiiiiiiiiiiiiiiiiii
iiiiiiiiiiiiiiiiiiiiiiiiiiiiiiiiiiiiiiiiiiiiiiiiiiiiiiiiiiiiiiiiiii
iiiiiiiiiiiiiiiiiiiiiiiiiiiiiiiiiiiiiiiiiiiiiiiiiiiiiiiiiiiiiiiiiii
iiiiiiiiiiiiiiiiiiiiiiiiiiiiiiiiiiiiiiiiiiiiiiiiiiiiiiiiiiiiiiiiiii
iiiiiiiiiiiiiiiiiiiiiiiiiiiiiiiiiiiiiiiiiiiiiiiiiiiiiiiiiiiiiiiiiii
iiiiiiiiiiiiiiiiiiiiiiiiiiiiiiiiiiiiiiiiiiiiiiiiiiiiiiiiiiiiiiiii
iiiiiiiiiiiiiiiiiiiiiiiiiiiiiiiiiiiiiiiiiiiiiiiiiiiiiiiiiiiiiiiiiii
iiiiiiiiiiiiiiiiiiiiiiiiiiiiiiiiiiiiiiiiiiiiiiiiiiiiiiiiiiiiiiiii

iiiiiiiiiiiiiiiiiiiiiiiiiiiiiiiiiiiiiiiiiiiiiiiiiiiiiiiiiiiiiiiiiiiiii
iiiiiiiiiiiiiiiiiiiiiiiiiiiiiiiiiiiiiiiiiiiiiiiiiiiiiiiiiiiiiiiiiiiiii
iiiiiiiiiiiiiiiiiiiiiiiiiiiiiiiiiiiiiiiiiiiiiiiiiiiiiiiiiiiiiiiiiiiiii
iiiiiiiiiiiiiiiiiiiiiiiiiiiiiiiiiiiiiiiiiiiiiiiiiiiiiiiiiiiiiiiiiiiiii
iiiiiiiiiiiiiiiiiiiiiiiiiiiiiiiiiiiiiiiiiiiiiiiiiiiiiiiiiiiiiiiiiiiiii
iiiiiiiiiiiiiiiiiiiiiiiiiiiiiiiiiiiiiiiiiiiiiiiiiiiiiiiiiiiiiiiiiiiiii
iiiiiiiiiiiiiiiiiiiiiiiiiiiiiiiiiiiiiiiiiiiiiiiiiiiiiiiiiiiiiiiiiiiiii
iiiiiiiiiiiiiiiiiiiiiiiiiiiiiiiiiiiiiiiiiiiiiiiiiiiiiiiiiiiiiiiiiiiiii
iiiiiiiiiiiiiiiiiiiiiiiiiiiiiiiiiiiiiiiiiiiiiiiiiiiiiiiiiiiiiiiiiiiiii
iiiiiiiiiiiiiiiiiiiiiiiiiiiiiiiiiiiiiiiiiiiiiiiiiiiiiiiiiiiiiiiiiiiiii
iiiiiiiiiiiiiiiiiiiiiiiiiiiiiiiiiiiiiiiiiiiiiiiiiiiiiiiiiiiiiiiiiiiiii
iiiiiiiiiiiiiiiiiiiiiiiiiiiiiiiiiiiiiiiiiiiiiiiiiiiiiiiiiiiiiiiiiiiiii
iiiiiiiiiiiiiiiiiiiiiiiiiiiiiiiiiiiiiiiiiiiiiiiiiiiiiiiiiiiiiiiiiiiiii
iiiiiiiiiiiiiiiiiiiiiiiiiiiiiiiiiiiiiiiiiiiiiiiiiiiiiiiiiiiiiiiiiiiiii
iiiiiiiiiiiiiiiiiiiiiiiiiiiiiiiiiiiiiiiiiiiiiiiiiiiiiiiiiiiiiiiiiiiiii
iiiiiiiiiiiiiiiiiiiiiiiiiiiiiiiiiiiiiiiiiiiiiiiiiiiiiiiiiiiiiiiiiiiiii
iiiiiiiiiiiiiiiiiiiiiiiiiiiiiiiiiiiiiiiiiiiiiiiiiiiiiiiiiiiiiiiiiiiiii
iiiiiiiiiiiiiiiiiiiiiiiiiiiiiiiiiiiiiiiiiiiiiiiiiiiiiiiiiiiiiiiiiiiiii
iiiiiiiiiiiiiiiiiiiiiiiiiiiiiiiiiiiiiiiiiiiiiiiiiiiiiiiiiiiiiiiiiiiiii
iiiiiiiiiiiiiiiiiiiiiiiiiiiiiiiiiiiiiiiiiiiiiiiiiiiiiiiiiiiiiiiiiiiiii
iiiiiiiiiiiiiiiiiiiiiiiiiiiiiiiiiiiiiiiiiiiiiiiiiiiiiiiiiiiiiiiiiiiiii
iiiiiiiiiiiiiiiiiiiiiiiiiiiiiiiiiiiiiiiiiiiiiiiiiiiiiiiiiiiiiiiiiiiiii
iiiiiiiiiiiiiiiiiiiiiiiiiiiiiiiiiiiiiiiiiiiiiiiiiiiiiiiiiiiiiiiiiiiiii
iiiiiiiiiiiiiiiiiiiiiiiiiiiiiiiiiiiiiiiiiiiiiiiiiiiiiiiiiiiiiiiiiiiiii
iiiiiiiiiiiiiiiiiiiiiiiiiiiiiiiiiiiiiiiiiiiiiiiiiiiiiiiiiiiiiiiiiiiiii
iiiiiiiiiiiiiiiiiiiiiiiiiiiiiiiiiiiiiiiiiiiiiiiiiiiiiiiiiiiiiiiiiiiiii
iiiiiiiiiiiiiiiiiiiiiiiiiiiiiiiiiiiiiiiiiiiiiiiiiiiiiiiiiiiiiiiiiiiiii
iiiiiiiiiiiiiiiiiiiiiiiiiiiiiiiiiiiiiiiiiiiiiiiiiiiiiiiiiiiiiiiiiiiiii
iiiiiiiiiiiiiiiiiiiiiiiiiiiiiiiiiiiiiiiiiiiiiiiiiiiiiiiiiiiiiiiiiiiiii
iiiiiiiiiiiiiiiiiiiiiiiiiiiiiiiiiiiiiiiiiiiiiiiiiiiiiiiiiiiiiiiiiiiiii

Platonische Liebe

Ein Stück in einem Akt
Handelnde Personen: Er und Sie

S zenario: *Er und Sie liegen im Bett, um sich der Nachtruhe zu widmen. Vorher gilt es jedoch noch das Besprochene in die Tat umzusetzen.*

Er: "So, Frau, nachdem wir nun explizit und im Detail unsere Wünsche bezüglich eines Nachwuchses besprochen haben, den wir beide positiv bestätigt haben, gilt es im Folgenden,
die dazu notwendigen und unabdingbaren Formalitäten zu erledigen. Dessen, gute und treu sorgende Gattin, bist du Dir in vollem Umfang bewusst. Sollten dennoch Fragen offen sein, so bitte ich dich in aller höflichster Form, mir diese nun zu stellen, oder aber den reibungslosen Verlauf des zustande gekommenen Kontraktes zu ermöglichen!"

Sie: "Gatte, ich bin mir bewusst!"

Er: "Dann möchte ich dich, Liebenswerte, in diesem Zuge darum bitten, Verständnis aufzubringen, für eine kleine, aber nicht unwesentliche Randbemerkung, die es eigentlich gälte, als Fußnote in das Protokoll des bevorstehenden Ereignisses aufzunehmen."

Sie: "Gewiss, Göttergatte, sprich nur!"

Er: „Nun, es soll Begegnungen zwischen beiderlei Geschlechtern in der uns bevorstehenden Art gegeben haben, die dem einen oder der anderen in gewisser Art Freude beschert haben. Um gänzlich allen Missverständnissen vorzubeugen, möchte ich Dich bitten, nun gegenzuzeichnen, dass wir diese Art der Zusammenkunft aus rein zweckmäßigen Gründen tun. Ich verzichte an dieser Stelle auf eine schriftliche Bestätigung und akzeptiere die mündliche Zusage!"

Sie: „Ja, ich sage zu!"

Er: „Dann möchte ich dich nun mit Nachdruck dazu auffordern, dich deiner Leibeskleider zu entledigen. Im Gegenzug und als Zeichen beidseitigen Vertrauens, werde ich dasselbe tun."

Sie: „Sehr wohl!"

Im Schlafgemach knistert und raschelt es; ein Geräusch, das abrupt abbricht, in dem Moment als beide so waren, wie Gott sie erschaffen hat.

Er: „Die Biologie hat uns einen kleinen Streich gespielt! Heute wollen wir beide großzügig sein und den Naturgesetzen Folge leisten. Aus diesem Grunde ist es nun an der Zeit, dass wir für die Realisierung unserer Pläne, den Zustand gewisser Körperregionen verändern. Ich meinerseits vergleiche dies gerne mit den Aggregatszuständen: Fest - Flüssig – Gasförmig! In diesem Falle war uns die Natur gnädig und verlangt im übertragenen Sinne lediglich die Umwandlung von Flüssig auf Fest. Wenn du nun einmal meinen Körper von der Spitze, am Kopf angefangen, bis hinunter verfolgst, gäbe es da etwas, dass sich in seinem Zustand verändern ließe?"

Sie: „Ich glaub schon, Du hast Geheimratsecken! Ich wollte lange mit dir über die Möglichkeiten der Haartransplantation sprechen."

Er: „Das ist doch nicht der Punkt! Fang unten an!"

Sie schaut ans untere Ende!

Sie: „Ja, Fußpflege, das wäre schön!"

Er: „Gestatte mir einen kleinen Einwand, wir werden heute Abend keinen Schönheitschirurgen zur Haartransplantation mehr auftreiben können, geschweige denn einen Fußpfleger! Konzentriere dich auf die Mitte und bedenke, wir wollten uns fortpflanzen!"

Sie schaut sich in der Mitte um und sieht etwas Seltsames!

Sie: "Ach so, ja nun gut, also ich denke ich weiß um die Angelegenheit. Ich wollte dir nur nicht so aufdringlich begegnen!"

Er: „Glaube mir, Weib, für mich ist es auch kein Zuckerschlecken!"

Sie: "Also, ich werde es dann tun wie besprochen!"

Plötzlich greift sie zum Corpus delicti und vollbringt Magisches, sie trotzt den Gesetzen der Natur und schafft es, ohne die Manipulation der Raumtemperatur aus flüssig fest zu machen.

Er: "Aha! Aha! Nun zu dir Gattin! Den Erfolg, deiner lobenswerten geschickten Handarbeit kannst du nun in Vollendung betrachten. Solltest du überrascht sein, so genieße dein Werk. Ich meinerseits werde nun gewisse Regionen verlagern müssen. Wie durch einen Zufall handelt es sich dabei ausgerechnet um ein erst jüngst von dir manuell gefestigtes Detail."

Er tut, was ein Mann tun muss und nimmt die „stabile Oberlage" ein wobei er vom Schlüssel-Schlossprinzip Gebrauch macht!

Sie: „ Oh, dass…ich…!"

Er: *(energisch)* „Nun schweig! Es ist nun mal ein unabdingbares Procedere und leider muss ich dich, Gattin, darauf aufmerksam machen, dass du in den nächsten Momenten mit dir unbekannten Hüftverhaltens meinerseits rechnen musst und in diesem Augenblicke, da ich es ausspreche, betrifft mich bereits das Gefühl unkontrollierbarer Reflexe und Automatismen, die - so schwöre ich dir- meinerseits lediglich durch unsere ungewohnte Zusammenkunft zustande kommen. Hier herrscht das Gesetz der Natur und verzeihe mir, wenn ich das Ende dieses Treffens durch einen völlig neuartigen Stimmlaut besiegele, der traditionell diese Form des

Miteinanders beendet! Und da ist der Stimmlaut: ah!"

Sie: „Oh, welch wohlig warm Ereignis durchflutet gar mein Becken? Welch' Odem ist's, der da haucht in mein Antlitz? Mann, vernehme ich Verzückung in deinem Gesicht?"

Er: „ Lass ab, von grobem Unfug!
Sieh, ich tat nur meine Pflicht!
Wär` es nicht um das Kind gegangen,
Weib ich tät es nicht!"
Sie: „ Dein Sprachgebrauch, ja deines Wortes Schatz ist nun voll Poesie,
ich kann mich keines Tags erinnern,
so warm warst du noch nie!

Er: „So mögen schlecht und gute Tage sein,
　Mein Schatz, dies hab ich vernommen,
　denn heut da war es wirklich fein,
　in deinem Leibe durft` ich kommen!"

Sie: *(ganz erstaunt):*"Aber Harald!"

Er: „Verzeih, nun bin ich grob geworden und meines Wortes Schatz wird alsbald derselbe sein, den du gewöhnlich von mir kennst!"

Sie: „Ich will ganz ehrlich sein,
　ich hatt` nicht das Gefühl,
　es sei zu Ende als du begannst zu dichten.
　Bedenke, ich bin nicht ganz kühl
　Und Leid hat ich mitnichten."

Er: „ Es bleibt nun mal ein Ritual,
  die Pollution beschreibt das Ende.
  Und sei es für dich eine Qual,
  im Bad wasch dir die Hände!"

Es wird ruhig und beide schweigen für Minuten. Auch die Poesie klingt merklich ab, als sie sich dreist erlaubt, eine Bemerkung äußern!

Sie: „Nun, wie immer es auch war, es hat etwas Gutes! Ich finde es sehr schön, Gatte, einen Menschen zu haben, mit dem ich so offen über Sexualität reden kann!"
Er:„ Frau, ich lasse deinen Kommentar nun einmal so im Raume stehen!"

Sie: *(sehr mutig)* „Vielleicht solltest du öfters einmal einfach *etwas im Raum stehen lassen!"*

Vorhang zu!

[Als Hörspiel auf www.thebach.de]

Beim Amt

Eine kleine Alltäglichkeit im Dialog*

*Z*immer 213 beim Amt. Die Nussbaumtür ist zu. Im Büro sitzt ein Beamter vertieft ins Stempelkissen blickend.

Beamter (lustig singend): "Klapp auf, Klapp zu mein Stempelkissen, Du! So klein und fein mein Stempelkissenlein. Und kommt ein böser Stempel her,
dann holen wir die Bundeswehr. Klapp auf, klapp zu mein St...." (Anmerkung des Autors: Was für ein Schwachsinn!)

Es klopft an der Tür „tock,tock,tock!"

Beamter (laut und erschrocken):"Na gut!"

Pause

Beamter (energisch): „Naaaaaa guhuuuuut!"

Die Tür geht auf, ein Bürger schaut herein!

Bürger: „Guten Tag, entschuldigen sie bitte, ich wollte meine Lebensberechtigung verlängern lassen!"

Beamter: „Ja sicher, das wollen sie ja alle! Aber irgendwann ist auch mal Schluss! Sehen sie diesen Stapel hier? *(Zeigt auf wirklich großen Papierberg)*
Dass sind alles solche Kameraden wie sie, die nie wissen, wann gut ist! Immer noch einen draufsetzten und dann sich darauf verlassen, dass Vater Staat

das schon regelt. Ach,…also, im wievielten Jahr sind sie? Machen wir es kurz! Sonst stehen sie ja morgen wieder hier! Dass ihr aber auch so am Leben hängt! Dieser Egoismus stinkt zum Himmel! Im wievielten Jahr, also….?"

Bürger: „32 ! Ich bin im zweiunddreißigsten Lebensjahr! "

Beamter: „Ja wie, und immer noch nicht die Schnauze voll?? Jetzt kommt doch nichts mehr! Sie haben dünnes Haupthaar, sehen sie das? Ihre Haltung ist unter aller Sau! Stehen sie doch mal gerade! Ihre Kleidung lässt zu wünschen übrig! Also, wenn ich an ihrer Stelle wäre und die Dreistigkeit besäße das Leben verlängern lassen zu wollen, geschweigedenn von ihm noch etwas zu erwarten, dann hätte ich mich für diesen Termin hier anständig in Schale geworfen. Wissen sie, sie hinterlassen ja auch einen Eindruck hier. Und dieser Eindruck, ich will ja nicht sagen, dass er das Maß der Dinge ist, aber er könnte das Zünglein an der Waage sein, wenn ich meine Entscheidung darüber treffe, ob ich ihrem Antrag auf Lebensverlängerung entspreche. Wann läuft ihre Berechtigung denn ab?"

Bürger: „In 12 Wochen!"

Beamter: „ Na klar, auch wieder auf den letzten Drücker, was? 32 Jahre lang Halli-Galli machen und dann kurz vor 12 noch mal Kohle nachlegen was?? Ich kann nur sagen, ich sehe da nichts Gutes auf uns zukommen. Haben sie alternativ vielleicht schon mal darüber nachgedacht, sich vielleicht in den kommenden 12 Wochen mit den üblichen Formalitäten zu beschäftigen, oder wollen sie diese Arbeit etwa ihrer Nachwelt hinterlassen? Das ist kein ehrenhafter Abgang! Das macht einen schäbigen Fleck in der Familienhistorie! Denn um ganz ehrlich zu sein, 12 Wochen *(er zeigt wieder auf den Papierstapel und klopft 3 Mal hartkantig mit dem Textmarker darauf)*, ich kann ihnen da wirklich keine großen Hoffnungen machen. Wir arbeiten hier auch nur nach unseren Vorgaben."

Bürger: „Ja, aber ich bin heute auch nur hier, weil ich ja eigentlich schon vor fast 6 Monaten den Antrag auf Lebensverlängerung gestellt habe und bisher noch nichts von ihnen gehört habe. Da dachte ich mir, ich schau doch lieber mal persönlich vorbei!"

Beamter: „Name?"

Bürger: „Käsmeier! Hans-Werner Käsmeier!"

Beamter: „Kenn ich nicht! Gibt es nicht!"

Bürger: „Aber ich bin doch hier und sie sollten meinen Antrag längst bearbeitet haben!"

Beamter: „Haben sie denn einen Zustellungsbeleg zum Antragsformulareingang? Dieser wird ihnen mit der Eröffnung des Vorgangs ausgehändigt, da es quasi ausgeschlossen ist, das Lebensverlängerungsanträge in die Wiedervorlage kommen, weil sie dann schon z.d.A. sind."

Bürger: „Ich habe den Antrag an sie gefaxt!"

Beamter: „Gefaxt? Höre ich richtig? Sagten sie gefaxt? Hier ist nichts angekommen! Sie spielen sehr leichtfertig mit ihrem Leben. Langsam glaube ich, sie wollen gar nicht weiterleben, sondern sich einfach kurz vor Schluss noch mal einen Spaß genehmigen, was?"

Bürger: „Aber auf dem Antragsformular stand ganz eindeutig drauf, dass man es auch faxen könnte!"

Beamter: „Das ist doch wohl auch klar ohne dass es darauf steht! Sie können alles was sie wollen hinfaxen, wo sie wollen. Dieser Hinweis erhebt nicht den Anspruch auf ordnungsgemäße Zustellung und schon gar nicht einen Anspruch auf Bearbeitung. Sie sind dadurch bereits im Vorauswahlverfahren ausgeschieden!"

Bürger: „Ja heißt denn dass, dass meine Bemühungen völlig vergebens waren? Ich möchte doch einfach nur ein bisschen länger leben dürfen!"

Beamter: „Also sie sind aber ein hartnäckiger Bursche! Respekt! Und das in ihrem Alter! Ich habe schon wesentlich jüngere Kandidaten erlebt, die an dieser Stelle bereits das Handtuch geworfen haben. Es gibt natürlich eine winzige Option. Mit viel Glück kann ich ihnen eine vorläufige Lebensberechtigung ausstellen. Im Falle einer endgültigen Lebensverlängerung wird die Zeit aus der vorläufigen Lebensverlängerung natürlich mit dieser verrechnet. Sie müssen also nicht glauben, dass sie hier am

Ende noch ein Schnäppchen gemacht haben! Sie müssen aber einige Bedingungen dafür erfüllen?"

Bürger: „Welche Bedingungen? Ich tue alles...!"

Beamter: „Ja klar, jetzt kommt die Ich-tue-alles-Nummer! Wie ich euch doch alle kenne! Aber, wir sollten keine Zeit verlieren. Kommen wir zu den Bedingungen! Haben sie Kinder?"

Bürger: „Ja, zwei!"

Beamter: „Oh, das ist ganz schlecht! Gaaanz schlecht! Aber vor dem Gesetz kann ich das leider nicht verschweigen! Sagen sie jetzt bloß noch, dass es ein Junge und ein Mädchen ist!"

Bürger: „Genau!"

Beamter: „Um Gottes Willen! Dann haben sie ja praktisch ihre Lebensaufgabe erfüllt und würden ab nun nur noch herumgammeln! Also solche können wir hier nicht gebrauchen!"

Bürger: „Ja, aber ich pflege doch auch noch meine Mutter, die auf mich angewiesen ist! Ich kann sie nicht alleine hier lassen!"

Beamter: „Was ??? Auch noch illegale Personen im Hause ??? Wahrscheinlich pflegen sie auch noch *schwarz*! Das kann man nicht mehr als Nachbarschaftshilfe einstufen. Also hier kommt doch einiges zu ihren Ungunsten ans Tageslicht! Haben sie denn Vermögen aufgebaut?"

Bürger: „Ja, ich habe in meinem Leben hart gearbeitet und sehr viel angespart. Meine Existenz ist sicher! Ich würde ihnen keinesfalls finanziell zur Last fallen!"

Beamter: „Das ist doch nicht der Punkt! Sehen sie, wenn jemand Geld auf der hohen Kante hat, dann ist der Staat dazu verpflichtet, sich dieses Vermögen natürlich schnell einzuverleiben. Um es mal ganz salopp zu formulieren, je eher sie gehen, desto schneller haben wir ihre Kohle! Unsere Arbeitsplätze müssen ja auch irgendwie finanziert werden, oder dachten sie etwa, ich mache den Job hier ehrenamtlich?"

Bürger: „Und wenn ich einfach auswandere? Wenn ich einfach auf Ihre Lebensberechtigung pfeife?"

Beamter: „Ich glaube, es sind schon ganz andere als sie auf diese Idee gekommen! Und was man sich so berichtet, ist von denen keiner wirklich glücklich geworden. Ihr denkt immer alle, dass es wo anders viel einfacher wäre, nicht? Aber dann, wenn ihr woanders plötzlich steinalt geworden seid, dann plagt euch euer schlechtes Gewissen und ihr fragt euch im hohen Alter, ob das immer wohl alles so richtig gewesen ist, was ihr da gemacht habt! Das ist ein sehr elendiger und qualvoller Tod! Ich würde mir das überlegen! Aber lassen sie uns mal weiter machen! Haben sie irgendwelche ansteckenden Krankheiten?"

Bürger: „Ja!"

Beamter: „Na Bravo! Endlich ein kleiner Lichtblick! Da können wir was draus machen! Das spricht endlich mal für sie. Was haben wir denn schönes?"

Bürger: „Ich habe Fußpilz!"

Beamter: „Fußpilz! Fußpilz! …Also gut, ich habe heute recht gute Laune und lass auch mal fünfe gerade sein! Ich gebe ihnen 5 Tage zusätzlich für ihren Fußpilz! Entweder sie holen sich in der Zeit was anständiges, woraus eine richtige Seuche oder Epidemie werden könnte, oder aber es ist endgültig aus! Warum machen sie nicht mal einen schönen Urlaub in Thailand? Sie wissen schon, was ich meine!"

Bürger: „Mir bekommt das Klima nicht!"

Beamter: „Perfekt! Nichts wie hin!"

Bürger: „Wissen sie was? Ich finde das alles hier höchst menschenunwürdig! Ich glaube ich lasse mich gar nicht auf alle ihre Bedingungen ein. Ich werde einfach weiter machen wie bisher, auch ohne ihren Schein! Was können sie denn schon gegen mich unternehmen?"

Beamter: „Das hört sich sehr unvernünftig an! Was glauben sie denn würden ihre Nachbarn sagen, wenn der Sachverhalt ans Tageslicht kommt?"

Bürger: „Ich habe keine Nachbarn! Ich wohne außerhalb und sehr abgelegen!"

Beamter: „Wollen sie damit sagen, dass sie keine sozialen Kontakte pflegen?"

Bürger: „Richtig! So ist es!"

Beamter: „Dann tut es mir wirklich aufrichtig leid für sie! Aber ich habe keine Möglichkeiten mehr, sie unter Druck zu setzten. Sie lieben scheinbar ihr Leben und nehmen nicht an der Gesellschaft teil! Im Grunde genommen sind sie schon tot!"

Bürger: „Heißt das etwa, dass ich unverrichteter Dinge nun gehen kann?"

Beamter: „Genau das!"

Bürger: „Nun dann…, dann geh ich jetzt und wir werden uns nie mehr wieder sehen!"

Beamter: „Ja, es ist jetzt auch Mittagszeit! Leben sie wohl!"

Bürger: „Ja, ich lebe wohl! Warum nicht gleich!"

Er verlässt den Raum und schließt die Türe hinter sich! Der Beamte schaut ihm kurz
hinterher und denkt: „Ihm war einfach nicht zu helfen!" und beginnt zu singen:
"Klapp auf, Klapp zu mein Stempelkissen, Du…"

An dieser Stelle gibt es nun eine kleine literarische Sensation. Nie zuvor hat es sich in der gesamten Weltliteratur ereignet, dass der Autor dem Leser eine kleine Unterbrechung in Form einer Pause bietet. Selbst Verfasser der schwierigsten Kost, haben sich nie wirklich um das Wohlergehen ihrer Leser bemüht und zwangen diese nahezu die dicksten Wälzer in einem Rutsch durchzulesen. In den „zugemauerten Pufftüren" ist dies anders. Genieße Deine wohlverdiente

Pause

mit zwei wirklich äußerst lustigen Gimmicks, bzw. Wortbildern.

Gimmicks (Wortbilder)

Automaten

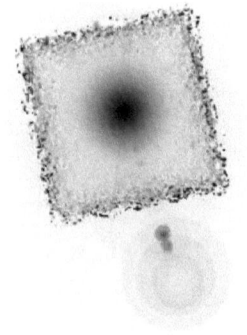

Keine Inspiration

Ja, wie der Titel schon sagt. Gänzlich uninspiriert beginne ich nun diese Geschichte zu schreiben und komme deshalb auch schon zum Höhepunkt: Diese Geschichte hat total keine Inspiration. Das soll mir einmal einer nachmachen, sowohl in der Überschrift, als auch in den ersten beiden Sätzen dreimal mitzuteilen, dass diese Geschichte gänzlich uninspiriert ist. Dem aufmerksamen Leser ist nun sicherlich aufgefallen, dass ich es bereits zum vierten Male erwähnt habe. Doch, wie fing das alles an?
Ich habe es bereits heute Nacht gespürt. Um 3.46 Uhr wachte ich auf und schaute auf den Wecker! Als ich dann diese Uhrzeit sah, dachte ich mir: Mein Gott, was ist das für eine blöde Uhrzeit! Im gleichen Moment versuchte ich mir vorzustellen, wie viele Menschen mit mir um die gleiche Uhrzeit aufgewacht sind und dasselbe dachten. Dabei stellte ich fest, dass das eigentlich absolut egal ist und drehte mich auf Rechtsposition, um den dominanten Wecker nicht mehr vor meinem Gesichtsersatz zu spüren. Ich kann mich wage daran erinnern, dass mein linkes Kniegelenk dabei geknackt hat. Außerdem weiß ich noch, dass ich wieder einschlief und später wieder aufwachte. Ich glaube in der Zwischenzeit habe ich geschlafen. Ja, und dann kam, was unweigerlich geschehen musste. Ich bin wieder aufgewacht. Draußen war schon Licht an! Da bin ich aufgestanden und habe mir aus der Abstellkammer die Leiter geholt, weil ich hochklettern wollte, um die Sonne rauszudrehen. Wenn einer glaubt, meine Leiter wäre zu kurz gewesen, der braucht mir auch sonst nichts mehr zu glauben. Ich kam tatsächlich

bis zur Sonne, aber leider habe ich mir da oben tierisch die Finger verbrannt. Also dachte ich mir, du blöde arrogante Sonne, wenn du unbedingt scheinen willst, dann mach das, aber lass mich in Ruhe. Du kochst auch nur mit Wasser. „Wasser" war ein gutes Stichwort, und wehe dem, der da denkt, ich hätte Wasser trinken wollen! Niemals. Unten in der Küche, da stand ein Herd. Um es jetzt richtig spannend zu machen, sage ich die Wahrheit! Ich bin in die Küche gegangen und habe auf dem Herd Wasser aufgesetzt. Als das Wasser kochte, habe ich zwei Eier hinein geschmissen, um das Wasser zu erschrecken! Das wirklich dumme daran war, dass das Wasser sich gar nicht erschrocken hat. In dem Moment war mir klar, das Wasser wollte mich verarschen. Ich war so wütend auf das Wasser, dass ich ihm unbedingt auf die Fresse hauen wollte. Als ich das tat, hatte ich wieder das Gefühl, ich würde versuchen die Sonne rauszudrehen. Das dies nicht mein Tag war, daran gab es nun keinen Zweifel mehr. Nun fingen auch noch die Eier im Wassertopf an zu tanzen, als feierten sie meine Niederlage! Wenn ich dieses Huhn zu fassen bekäme, das diese Eier gelegt hatte, das könnte heute ein Rennen mitmachen. Es waren übrigens Eier von freilaufenden Hühnern, also es wäre durchaus möglich gewesen. Andernfalls wäre ich in die Legebatterie gegangen und hätte mit meinem Stimmorgan einen Rennwagen simuliert. Wie ich mein Glück kenne wäre ich bestimmt wieder bei irgendeinem schwulen Hahn zu Hause gelandet, der mich dann tierisch zur Sau gemacht hätte. Mittlerweile war ich so wütend, dass ich die Eier aus dem Wasser nahm und an meinem Bademantel so heftig rieb, bis sie statisch aufgeladen waren, um sie dann an die Zimmerdecke zu hängen, wo sie blieben, wie Luftballons auf einem Kindergeburtstag. Dies war der Moment meines vollkommenen Sieges. Ich hatte die Naturgesetze im Griff. Also beschloss ich unweigerlich mich in ein Quadrat zu verwandeln, welches lustig durch den Raum hüpfte und immerzu rief: „Icki, icki, icki!" Gott sei Dank war ich allein zu Hause, weil mir das sonst wieder keiner geglaubt hätte. Und plötzlich sollte ausnahmsweise etwas Merkwürdiges geschehen. Als Quadrat, übrigens war ich moosgrün und aus 0,5 Millimeter breitem röhrenförmigem Schaumstoff, hielt ich inne und verharrte im Raum. Meine Aufmerksamkeit richtete sich auf das Bügelbrett, welches keck in der Ecke stand. Orange-rot gemustert wie eh und je rief es mich. Nicht etwa, dass es meinen Namen rief. Nein, dieses Bügelbrett rief: „ Raaaah! Raaaah!" Es rief in einem hauchenden, nahezu hinterlistigen Tonfall, als wollte es mich verlocken. Mein Vorteil, ein Quadrat zu sein rettete mich jedoch vor weiterem Unheil. Ich war ein richtig cooles Quadrat, denn ich war zu alledem allein zu Haus. Aus diesem Grund ging ich erstmal auf den Balkon, wo die ganzen Jugendlichen in der Raucherecke standen, um mir dort eine Zigarette zu schnorren. Von weitem, am anderen Ende des Balkons sah ich bereits Hansen! Er stand dort und wickelte bereits seit Wochen ein Wollknäuel auf. Aber Hansen hatte immer Zigaretten. Wie jeden Morgen begrüßte er mich auf die gleiche Weise. Er schaute mir mit seinen ockerfarbenen Augen tief in die meinigen, zuckte dreimal mit dem Adamsapfel und sagte „Ukf!" Dabei hielt er mir schon seine prall gefüllte Zigarettenschachtel entge-

gen und bot mir eine Kippe an. Danach machte er das gleiche Kunststück wie jeden Morgen, was keiner mehr witzig fand, aber so war halt Hansen. Mit einer geschickten Drehung des linken Handgelenkes packte er den Walnussbaum hinter der Abzäunung, knickte ihn in der Mitte ab, begann seine Schneidezähne mit rotierenden Drehungen kreischend laut kreisen zu lassen, um aus dem Walnussbaum ein Streichholz zu fräsen, das er anschließend wegschmiss, um ein Feuerzeug aus seiner Hosentasche hervorzukramen, welches er mir lodernd entgegen hielt, um dann triumphierend aus sich herauszubrüllen: „Nanananananạ! Verarscht!" Jetzt war es wieder soweit! Paul, der Jugendliche mit der hölzernen Zahnspange und der gemauerten Jacke (manchmal trug er Windeln), betätigte den Knopf und der Balkon fuhr in die zweite Etage. Dort oben begegneten wir dann immer den Meerschweinchen, die Radiergummis sammelten. Voller Stolz zeigten sie uns jeden Morgen ihre Sammlung. Es war die Familie Obermeier! Eine sehr konservative Meerschweinchenfamilie, die zur ihrer Sammelleidenschaft stand. Keinem konnte das entgehen. Jeder Besucher war gezwungen, sich die Sammlung immer wieder aufs Neue anzuschauen. Herrn Obermeier tat es gut, wenn man dies anerkannte. Er pflegte immer zu sagen:
"Potsdamer Postkutscher putzt Potsdamer Postkutschkasten!" Daraufhin applaudierten wir und zerplatzten plötzlich wie Seifenblasen, um im Anschluss als klitzekleine Katzenköttel die Regenrinne herunter zu rutschen. Unten angekommen, waren wir uns immer einig. Paul, Hansen und ich schauten uns verblüfft an, als Maria, wie immer um die

Häuserecke kam, ihren gepunkteten Rock hochzog und sagte: "Dies ist ein historischer Augenblick!" Wir hätten ihr geglaubt, wenn sie dies nicht jeden Morgen getan hätte und deshalb schenkten wir ihr keine Aufmerksamkeit. Heute war Maria so erbost darüber, dass sie sich ein Taxi bestellte und nach Hause fuhr. Sie hätte das auch abstrakter machen können! Wir fanden das absolut ohne Stil. Paul knetete derweil ein Paket Pumpernickel zu einem Ölstab, während Hansen mit einem Pümpel versuchte, alte Schallplatten im Keller abzuspielen. Ich versuchte ihm so oft zu erklären, dass er keinen Unterdruck erzeugen könnte. Hansen sagte mir immer, dass ich kein Gehör hätte. Wir wussten alle nicht, dass dies unser letzter morgen ist, den wir in vertrauter Gemeinsamkeit verbrachten, denn an diesem Morgen hatten wir alle Post vom Arbeitsamt im Briefkasten, aus der hervorging, dass wir zumutbare Arbeit annehmen mussten. Hansen kocht jetzt Wäscheknöpfe, Paul gräbt Löcher, um sie mit der ausgegrabenen Erde wieder zu zuschütten und ich darf gleich auch beginnen. Ich muss Kümmelkörner spalten und Spagetti zum Trocknen aufhängen. Kann nun einer verstehen, dass ich absolut keine Inspiration mehr habe? Früher konnten wir uns wenigstens was ausdenken!

Das Ei
kontroverser Dialog zur Frage was zuerst da war: Huhn oder Ei

Wie könnte man es anders beschreiben als mit der simplen These, dass es an der Zeit sei, eine neue Geschichte zu schreiben? Mit diesem Auftrag in der Tasche stellt man alsbald jedoch fest, dass nichts als die Geschichte sich selbst schreibt und wir mit unserer Aneinanderreihung von Buchstaben, die wir als Worte wohl geformt zu Sätzen niederschreiben können, ohne im eigentlichen Sinne am Verlauf der Geschichte Einfluss zu nehmen, nichts weiteres sind als im höchsten Sinne die Federführer eines Diktats. Mag man dies tatsächlich als höchste Ehre darstellen wollen? – Was bleibt, ist der Stift in der Hand, der sich zuweilen rege über das Papier bewegt, oder das Hirschgeweih an Fingern der Hände, welches doch nur imstande ist, die Tasten einer PC-Tastatur in Schwung zu versetzen, ohne dabei selbst zum Kampf aufzurufen. Ist es sogar Ohnmacht? Ist es am Ende ein Signal der Pflegebedürftigkeit, derer wir hilflos verurteilt sind ins Auge zu schauen, mit der flehenden Bitte: „Sieh nur meine Hände! – Sie wollen anders als sie können, können aber nur, was sie dürfen!" Wie wäre es denn, wenn ich einmal, und dies sei nur ein fiktives Exempel, mein Geweih zum Kampfe spitze, um zu behaupten (auch dies ist nur ein Exempel): Geschichte gibt es nicht! Alles, was wir glauben erfahren zu haben ist Vergangenheit und somit per Definition nicht mehr existent, weil es nicht greifbar ist, nicht da, nicht Realität!" Hol mir doch einer gestern zurück und behaupte: "Da hast Du gestern! Gestern ist jetzt, so nimm es und modifiziere die Geschichte. Ich gebe dir dies Gestern als existente Realität, mach Wahrheit daraus, zu der du noch morgen sagen kannst, dass du stolz auf sie bist, weil du sie bestimmt hast!" So, da haben wir aber Pech, was? Da möchte man sich doch gerne den Wecker auf *gestern* stellen, um möglichst früh zu erwachen und auf das drohende Unheil Einfluss zu nehmen, um dann als Held beim Frühstücksei zu sitzen und kategorisch daran festzuhalten: "Ich bin mir gewiss, vor 5 Minuten war dies Ei ein rohes, denn ich war dabei!"

Nun erscheinen plötzlich der Hans, dann der Peter und die Hildegard und alle starren sie auf mein Frühstücksei. Schon motzt die Hildegard: "Du willst mir doch nicht etwa sagen, dass das Ei eben noch weich war??" Nun gut, ich gebe es zu, ich wollte es ihr nicht direkt sagen, aber ich dachte, es wäre selbsterklärend, auch für sie. Peter natürlich schaltet sich direkt ein und sagt." Hildegard, nun lass doch der Dinge ihren natürlichen Lauf! Wann dies Ei einmal weich war, dies mag zum jetzigen Zeitpunkt niemand mehr genau zu bestimmen vermögen!"
„Es muss aber ein Protokoll geben!", erwidert Hildegard. „Nun", so entgegnet Peter „es ist nun mal eine Tatsache, dass ein jedwedes Huhn zu jedweder Zeit sich dazu entschlossen hat, ein Ei zu legen. Dass dieses Ei einmal dem Schreiber dieser Geschichte dienen würde, so dass es als ein in der Vergangenheit gewesenes Frühstücksei erwähnt werden würde, war dem legenden Huhn sowie dem Autor seinerzeit unklar, weshalb es anmaßend ist, den Schreiber dieser Geschichte oder das Eier legende Huhn in diesem Zusammenhang zur Protokollpflicht zu rufen." Es ist Hans, der sich nun kor-

rigierend einmischt: "Herrschaften, Herrschaften (er klopft dabei mit einem Zeigestock 4 Mal auf die Kante meines Nussbaumfrühstückstisches in einer Takt angebenden Frequenz), dies alles ist doch nicht der Weisheit letzter Schluss. Wir alle drei sind doch nur aus einem Grunde hier! Mit Ausnahme des Schreibers haben wir, Hans, Hildegard und ich, uns doch nur aus einem einzigen Grunde hier versammelt....",
"Nun, und welcher ist das??", will ich mich auch einmal einmischen. "Entschuldigen sie bitte, aber ich persönlich habe mich heute Morgen hier an den Tisch gesetzt, um Geschichte zu schreiben. Hätte ich gewusst, dass sie hier plötzlich so unverhofft auftauchen, dann hätte ich meine Angelegenheit auf morgen vertagt!"
Hans gibt weiter den Ton an; er scheint informiert zu sein. „Ja, lieber Schreiber dieser Geschichte, es lag ja nur zu wenigen Teilen, aber dafür zu ganz bestimmten Teilen an uns Dreien hier, dass sie mit ihrer Geschichte nicht weiter kommen. Sowie sie schon klein beigeben und sagen, sie hätten dies auch morgen tun können, beziehungsweise, um es mit ihren Worten auszudrücken, sie hätten es auf morgen vertagen können, haben sie schon verloren!"
„Ich will sofort das Huhn sehen!!", faucht Hildegard! Peter versucht derweil verzweifelt beruhigend auf Hildegard einzuwirken. "Entschuldigen sie bitte, ich möchte die Angelegenheit hier doch noch zu einem Abschluss bringen", entgegne ich „aber warum verdammt noch mal, haben sie sich hier bei mir getroffen? Es kann doch nicht das Frühstücksei sein! Verstehen sie doch bitte, dies ist mein Frühstücksei,

ja, ich habe sogar noch den Kassenbon hier, der eindeutig belegt, wann und wo ich das Ei gekauft habe! Ich gebe zu, das Huhn ist hierauf nicht namentlich erwähnt, auch nicht seine Herkunft, geschweige denn der Inhaber oder Besitzer des Huhns...!"

Der Wecker
Hildegard faucht weiter: "Der Wecker! Der Wecker! Auf welche Zeit haben sie für heute Morgen ihren Wecker gestellt??" Ohne zu überlegen antworte ich: "Auf gestern! Gestern Morgen!"
„Hmmmm...", Hans hält für einen Moment nachdenklich inne, kratzt sich die Stirn und rümpft für Bruchteilen von Sekunden exzessiv die Nase, bevor er still und leise fragt: "Und wann verehrter Schreiber, sind sie aufgestanden, nachdem Ihr Wecker klingelte?"
„Ja ähm, dass muss dann wohl sehr kurz nach gestern gewesen sein!"
„Wie kurz?", schreit Peter.
„Also, wenn ich nachdenke, mein Wecker hat eigentlich gar nicht geklingelt, weil ich früher
wach geworden bin. Da hab ich ihn ausgeschaltet, stand auf, und habe mir dieses Frühstück zubereitet und ich dachte mir, ich hätte Zeit und Muße dazu und eigentlich hab ich mir das hier nur gönnen wollen, bevor *(wütend schreiend)* sie hierhergekommen sind und mir einen Strich durch die Rechnung gemacht haben!"
„Aproros Rechnung", schneidet Hildegard in die Luft „laut meiner Berechnungen gibt es
weder ihr Frühstück, noch ihr Ei! Das Ei ist beschlagnahmt, weil es Zukunftsraub ist!"

„Es reicht!", wage ich mutig zu entgegnen. "Am Ende wollen sie behaupten, dass das Ei gar nicht hier ist! Wenn dem so ist, dann nehmen sie sich das nicht vorhandene Ei und gehen, aber mein Ei bleibt hier! Sehen sie die Marmelade dort auf dem Tisch? Es ist meine …und niemand wird wohl anzweifeln, dass die Erdbeeren in dieser Konfitüre nicht gegenwärtig in dieser Realität geerntet wurden und zur Frühstückskonfitüre verarbeitet wurden!"

Hildegard: "Es ist die Uhrzeit! Lieber Schreiber, gestatten sie mir die Frage, wie spät ist ihre Geschichte?"
„Frühstück! – Jetzt!"
„Das ist zu spät! Das ist unmöglich!" entgegnet Hans! „Erinnern sie sich! Wie spät ist ihre Geschichte??"
„Herrgott, sie wissen doch nun wirklich alles um meine Geschichte! Sie wissen anscheinend, wann sie begann und sie werden wahrscheinlich auch wissen, wann sie aufhört! Nehmen sie noch Kaffee?"
„Den haben sie uns noch gar nicht angeboten!", so Peter.
„Dann kommen sie morgen wieder! Dann stehe ich auch früher auf!"
„Sie können nicht früher aufstehen, weil sie immer noch auf das Klingeln ihres Weckers von heute Morgen warten", meint Hans.
„Jaaaa! Der Wecker, das ist ein übler Heinrich!!! Ein Gargamel! Ein Gargamel! Ein selten übler Umpftsbugutukuckel",singt weinerlich die Hildegard.
Peter: "Hildegard, Du musst zu Bett. Geh schlafen!"
Hildegard :"Aber, aber, aber…!"

„Es gibt kein *aber!*", sage ich und weil ich alle drei nun so gut kenne, gebe ich auf und tue dies auch kund: „Ich sage Euch, ihr habt gewonnen! Nehmt euch, was euch gebührt! Geschichte will ich nimmer schreiben, weil dies mir nicht gelingt!"
Hans: "Was Du nicht weißt, und das ist nicht fair, nun sollst Du es wissen! Unser Wecker stand auf vorgestern, wir hatten einen solchen Vorsprung und Vorteil! Wir wussten um das das Huhn, das Ei und dich! Aber dass du dennoch aufgestanden bist, bevor du berufen wurdest, dies hat diese Geschichte bestimmt. Und nun mach damit was Du willst.
Wir werden gehen. Dein Ei bleibt hier! Es war niemals wirklich in Gefahr!"
„Es ist aber kalt! Nun ist es kalt! Es ist nicht das, was ich haben wollte! Das Ei ist nichts mehr
wert. Wenn ich es erneut erwärme, dann verliert es den Geschmack! Dann wird es fahl und schmeckt wie aufgewärmte Kost. Stell dir ein frisches Ei zum Frühstück vor, warm und weich ist es in der Mitte! Eigentlich der Segen eines schönen Frühstücks!"

„Ach lieber Schreiber der Geschichte, du erinnerst dich an vergangene Eier und wolltest dir den Genuss anheim nehmen und dir die Vergangenheit vor Augen holen, um sie sorgenfrei zu genießen, dabei hast du nie bedacht, dass Geschichte ungelegte Eier sind, weil daraus hervorgeht, was in Zukunft war. Willkommen in der Gegenwart. Das einzige was dir bleibt ist noch heute Morgen zu machen."
Hildegard meint abschließend, dass sie sehr gut versichert sei.

Wichtige Anmerkung: Unser Marketing-Team, bestehend aus Marcel Thebach, mir und meiner Person hat in stundenlagen Meetings darüber diskutiert, ob es diese Geschichte tatsächlich bis in Buch schaffen würde, da wir die Qualität und den Gehalt dieses Wortsalates doch sehr anzweifelten. Als Kompromiss haben wir uns schließlich darauf geeinigt, diesen Text nicht im Original zu übernehmen und stattdessen nur eine Kopie davon zu veröffentlichen. Wir denken, dass dies eine Lösung zur Zufriedenheit aller darstellt.

Ostern

Es ist Ostersamstag. Der Horizont zeichnet eine unebene Linie, die de facto keine ist. Hügelig ist die Landschaft. Ein klarer Himmel meldet zartes blau, welches völlig unverschleiert den Blick auf frühlingshaftes Wettertreiben zulässt. Am Firmament entlang des holprigen Horizonts wagt ein Radfahrer sich seinen Weg zu bahnen. Sein blondes gelocktes langes Haar wiegt sich entgegen seiner Fahrtrichtung den Weg nach hinten. Das ist nicht von Bedeutung. Vielmehr trägt er eine Tageszeitung geklemmt unter seinem Arm. Wer sich nicht darum schert, welches Ziel dieser Jüngling am Ende seiner Reise vor sich hat, wird ihn bald am linken Bildrand auf Nimmerwiedersehen verschwunden wissen. Er war ein Statist, nichts mehr. Ackerlandschaft bahnt sich den Weg vom Fuße des Bildes bis zum Beginn des Horizonts; noch unbewachsen und fern frühsommerlichen Treibens zarter Keimlinge. Es ist Tante Hildegard (Anm.: Namen geändert), die sich traut kurz von links ins Bild zu blicken um mahnend ein knappes aber bestimmendes „Na!" zu sagen, bevor ihr Gesicht sich wieder im Nichts verliert. In Wirklichkeit war sie gar nicht da. Aber sie hätte gut hierher gepasst. Gott habe sie selig. War sie es vielleicht doch? Der Wind weht. Er schmerzt im Ohr. Störend an dieser Stelle wirkt einzig ein Bundeswehrtornado (Anm.: Substantiv aus aktuellem Anlass geändert) der rechtwinklig fast unbemerkt vom Himmel stürzt und sich vorwitzig in den Erdboden drängt. Manch ein anderer hätte hierfür eine gewaltige Explosion gebraucht, doch dieser hübsche Flieger schraubt sich ohne großes Aufsehen zu erregen seinen Weg gen Erdkern. Nun ist er weg. An seiner Einschlagstelle würde ein gesunder Mensch einen Krater von enormen Ausmaß vermuten. Doch hier ist lediglich die Erde filigran in Form einer Vulva aufgehäuft. Man möchte den Boden küssen. Es duftet! Ostern. Die Kinder suchen in fernen Gärten gesunder Familien bunte Eier. Papa hat den roten Wollpulli an. Den trägt er immer am Feiertag. Mama weint. Das kann verschiedene Gründe haben. Entweder weint Mama, weil alles so rührend ist, wie die Kinder im Garten die Eier suchen oder weil auch ihr der Wind im Ohr schmerzt. Vielleicht trauert sie auch um den verschwundenen Radfahrer mit der Tageszeitung, den sie gerne näher kennen gelernt hätte, obwohl sie ihn in ihrer Lage gar nicht sehen, geschweige denn vermuten konnte. Sehnsucht! Am Ende wird es wohl Papas roter Wollpulli sein, der ihr weh tut. Ich möchte das an dieser Stelle nicht weiter hinterfragen. Mama hat schließlich auch ein Privatleben und ein Grund zu weinen ist rasch herbei gezaubert. Kein Wunder, dass sie weint. Ich selbst sitze einen guten Kilometer Luftlinie entfernt vom Geschehen und erzähle letzteres aus reiner Vermutung. Alles kann und nichts muss. Man kann mir Bequemlichkeit unterstellen und sollte das vielleicht sogar, so wie ich hier im Schneidersitz an dem Mauervorsprung sitze, hinter dessen Ende sich genau die Szene darstellte, die ich zu Beginn beschrieben habe. Ein Teil von ihr, wenn man den Radfahrer abzieht, existiert immer noch. Ich mag aber derzeit nicht über den Mauerrand hinwegsehen und genieße diesen Ostersamstag auf meine Weise. Zwar still, aber dennoch bestimmt. Ich darf das. Ich bin groß und erwachsen und muss nicht zu Hause sein bevor es dunkel wird. Und Hand aufs Herz, als Kind lag ich schließlich immer richtig. Denn erst mit dem Heimkommen wurde es dunkel, egal zu welcher Zeit! „Sei zu Hause, wenn es dunkel wird", hieß es da. Der Letzte macht das Licht aus. So sehr ich das Licht des Nachts im Flur mochte, ich war froh, wenn es aus war. War es an, so war das Licht auch laut. Zumindest unten im Wohnzimmer, wo ich nicht war. Es war der Klang den Fäuste in die Luft schneiden, wenn sie fliegen. Mich mag das heute nicht mehr sonderlich interessieren, wie ich hier so am Ostersamstag hinter meinem Mauervorsprung im Schneidersitz hocke und hinter mir der holprige Horizont, der einst unbekannten Radfahrern einen Weg bot, verborgen bleibt und den ich nur vom *Hören-Sagen* her beschreiben kann. Mein Blick fällt auf meine Arme, die Venen ans Tageslicht treiben, deren blaue Farbe so manches Osterei blass aussehen lässt. Im Grunde ist alles im Lot. Wir feiern Ostern. Ich kann diese Geschichte von hier gut erzählen, weil es mein Platz ist. Alternativ hätte ich mich in einem Schlafzimmer in Düsseldorf an einen Schreibtisch setzen können und von dort aus berichten können. Dies jedoch erschien mir zu sehr an den Haaren herbeigezogen und wenig authentisch. Mein Platz ist hier! Genau hier. Man kennt die Szene aus schlechten Filmen. Da braucht man plötzlich ein Taxi und schon steht man am Straßenrand und ruft „Taxi". Kaum ausgerufen, hält auch schon ein cremefarbener Mercedes an und lädt zur Mitfahrt ein. In meinem Fall ist dies etwas anders. Plötzlich und völlig ungebeten, von mir aus soll er auch mit einer weißen Kutsche - an die vier Schimmel gespannt sind- vorgefahren sein, entblößt sich vor mir der Luftpumpenverkäufer. Nichts hätte ich hier und zu Ostern mehr gebraucht, als eine ordentliche Luftpumpe. Einem der gängigen Rosenverkäufer ähnlich, wie man sie am Wochenende bei Besuchen von Gaststätten kennt, steht er vor mir, im Arm einen Strauß aus Luftpumpen! „Hey! Willst Du Luftpumpe? Macht gute Luft! Luftepump! Kost kaum nix! Einefuffzich!" Ich habe häufig Mitleid mit diesen Menschen und wenn ein Herzblatt in meiner Nähe wäre, die es zu begeistern gelte, hätte ich nun zugelangt. Ostern ist anstrengend.

Nachdenken

So, ich hab mich dann einmal zurückgezogen und hinter mir die Türe zugemacht. Jetzt herrscht Ruhe. Der Grund: Ich muß *nachdenken*. Schon wenn ich über das Wort *nachdenken* selbst nachdenke, da stellt sich bei mir so etwas wie spontane Übelkeit ein. Man muss sich dieses Wort einfach einmal in Ruhe mehrmals durch den Kopf gehen lassen. Hierbei ist es sinnvoll, in der Lautsprache das Wort künstlich zu dehnen und es sich mit einer möglichst nasalen und quäkenden Stimme phonetisch ins Bewusstsein zu rufen. *Naaaaaaachdenken*. Mit dem Wort in seiner tiefsten Bedeutung klingt direkt mit, dass man gedanklich hinterher hängt, wenn man nachdenkt. Wer nachdenkt denkt zu spät! Und was heißt das eigentlich, jetzt, wo ich hier am Schreibtisch sitze und *naaaaaachdenke*? Idealerweise stütze ich meinen Kopf nun auf die rechte Hand, deren Arm mit dem Ellenbogengelenk hölzern und knochig auf der Oberfläche des Schreibtisches herumrutscht und keine rechte Position findet, in der er Ruhe bekommen kann. Ich sollte meinen Blick aus dem Fenster ins ferne *Nichts* entgleiten lassen und meine ansonsten glänzenden Augen mit einem matt-trüben Schleier versehen und stillschweigend verharren, sodass jeder, der nun dieses Zimmer betreten würde, alsbald bei meinem bloßen Anblick zu der Erkenntnis käme „Hui, da denkt aber einer nach!" Nachdenken hat so eine raumfüllende Melancholie, die imstande ist, auch den lustigsten und lebensfreudigsten Menschen in die tiefste Depression zu stürzen, wenn er einem nachdenkenden Menschen wie mir in die Nähe kommt. „Hey, was machst Du denn da?"

"Och, lass mich, ich muss *naaaaaaaaachdenken*!" Nachdenkende Menschen, wie ich es bin, leiden dann ja unter chronischen Berührungsängsten, obwohl sie am liebsten gefragt werden würden: "Hey, worüber musst Du denn so nachdenken??" Wenn diese Frage dann nicht kommt, dann steigert man sich erst recht ins Nachdenken hinein, weil man gerade die volle Bestätigung hierfür bekommen hat, dass das, worüber man nachdenkt, ja weder der Nachfrage noch der Antwort darauf irgendetwas wert ist, und man ja sowieso nur über Belanglosigkeiten nachdenkt. Andererseits, wenn die Frage dann trotzdem käme, dann lautete meine Antwort hierauf natürlich: "Ach, nichts Besonderes!" Natürlich kommt diese Antwort meinerseits in einem Tonfall, der andeuten soll, dass ich mir über die wesentlichen Dinge - um es mit Goethes Worten zu sagen- *die die Welt im Innersten zusammenhalten*, den Kopf zerbreche. Das macht mich natürlich unweigerlich absolut interessant. Da will man doch mehr von mir erfahren, oder? Also wer spätestens jetzt nicht bohrt und mich flehend anbettelt: „Nun komm bitte, sag mir worüber Du nachdenkst!", der interessiert sich doch für gar nichts, oder? Dem ist doch alles egal und der hat mit Gott und der Welt abgeschlossen. Gleichgültig und arm sind die, denen mein Nachdenken am Arsch vorbei geht. Und meistens, ganz ehrlich, denke ich gerade über diese Menschen nach. Wenn sie das nur wüssten, wie sehr sie meinen kleinen Kosmos (eine mir nahestehende Person sagt auch gerne: *meine kleine beschissene Welt*) mit Fleisch und Inhalt füllen. Wenn sie nur wüssten, dass sie mit ihrer Gleichgültigkeit hierin ganze Supernovae auslösen und Welten vernichten.

Aber das ist ein Thema, das an dieser Stelle sicherlich den Rahmen sprengen würde und über das ich einmal nachdenken sollte. Im Moment denke ich ja über das *Nachdenken* nach. An dieser Stelle versuche ich mir den klassischen Nachdenker ins Bewusstsein zu rufen und ich sehe ihn wie bestellt und nicht abgeholt vor mir stehen: Xavier Naidoo. Also seine Musik ist doch ein Paradebeispiel für einen Nachdenker. Ich mache das primär daran fest, dass er mir die Laune verdirbt, insbesondere dann, wenn er sich aus den Lautsprechern meines blöden Opel Corsa morgens um 7:30 Uhr auf dem Weg zur Arbeit ins Gehirn frisst und einen Textzeilen wie „Wir müssen geduldig sein, dann dauert es nicht mehr lang!" den ganzen Tag begleiten. Weil ich diese verkackte Textzeile den lieben langen Tag im Kopf hatte, bin ich schlussendlich hingegangen und habe darüber tatsächlich einmal nachgedacht und bin zu dem Entschluss gekommen, dass diese Aussage an sich völliger Humbug ist. Ich zeichne einmal eine Zeitleiste, die ihren Startpunkt an einem Punkt A findet und bei C endet. Punkt C steht an dieser Stelle für ein Ereignis, auf das ich warte. Ich selbst stehe an Punkt A und warte auf C. Wer sich nun zurecht fragt, warum die Leiste nicht mit B endet, dem sei gesagt, dass B die Mittagspause ist (darauf komme ich gleich noch zurück), die ich der Einfachheit halber und für eine klarere Struktur nicht mit in das Experiment einbeziehen wollte, zumal Punkt B auch in der Regel ausfällt. Im Selbstexperiment gehe ich diese Zeitleiste nun 2x durch. Hierbei bin ich einmal „ungeduldig" und beim zweiten Mal „geduldig". Es bietet sich geradezu an hierfür 2 Tage mit denselben Ereignissen auszuwählen und das Experiment hierin auszuführen. Da hatte ich auch gleich eine Idee. Von Montags bis Donnerstag arbeite ich jeweils von 8.00 Uhr bis 17:30 Uhr. Nichts liegt also ferner als der Gedanke am Montag *ungeduldig* bei der Arbeit zu sein und am Dienstag dann vielleicht mal *geduldig* mit dem Arsch auf dem Drehstuhl zu sitzen. Gesagt getan. Das Ergebnis war frappierend. Beide Tage dauerten exakt gleich lang. Interessanterweise war der Freitag, an dem ich nur bis 15:00 Uhr arbeiten muss, dessen Feierabend ich aufgrund der Kürze des Arbeitstages grundsätzlich ungeduldig erwarte, dann tatsächlich kürzer und „dauerte nicht mehr lang". Da der Freitag aber nicht in das Experiment einbezogen wurde, darf er natürlich auch nicht bei der Auswertung der Messergebnisse herangezogen werden. Aber interessant war das schon. Ich glaube aber, dass ich gerade vom Thema abweiche. Schlussendlich wollte ich über das *Nachdenken* nachdenken. Kommen wir also nochmal zurück auf die Ausgangssituation: Ich sitze hinter verschlossener Tür mit aufgestütztem Kopf und verschleiertem Blick am Schreibtisch, sehe in die Ferne und denke nach. Wozu soll das führen? Ich erwarte also, dass mich in dieser völlig verkrampften und uninspirierten Haltung wahrscheinlich mein eigener Geist von mir selbst überrascht, mich der Blitz trifft und ich die Antwort auf eine lang gestellte Frage finde, die mir dabei behilflich ist, ein lange existierendes Problem endgültig und abschließend auf den Lösungswege zu bringen. Da erschrecke ich gerade vor mir selbst. Ich habe das Problemwort erwähnt. Das Problemwort heißt: *Problem!* Der Klang dieses Wortes löst in mir ähnliche Übelkeit aus, wie das Wort *nachdenken!* Im

Grunde brauche ich weder Brechmittel noch Abführmittel. Bei Opstipation würde es völlig ausreichen, mich vor den Spiegel zu stellen, mir in die Augen zu schauen und dabei fortlaufend gedanklich den Satz zu wiederholen: "Marcel, denk mal über Probleme nach!" (Es ist ganz klar, dass das mit einem lauten Hall und Echo nachklingt, gell!) Was ist denn eigentlich ein Problem? Bah, das Wort sieht selbst getippt völlig scheiße aus. *Problem.* Das klingt klebrig und unnütz anhaftend wie ein Furunkel, wobei *Furunkel* wiederum interessant und ja *funkelnd, glänzend, strahlend* klingt. Ich nenne deshalb *Problem* einfach „Furunkel"! Was soll's? Ich bin Künstler! Ich darf das. Ich darf mir existierende Sprache zur Grundlage nehmen und sie auf der eigenen Basis neu erfinden und umstricken. Deshalb darf ich auch *ficken* sagen, obwohl das keinen interessiert und das hier auch nicht hingehört. So! Nun haben wir es! Ich sitze also in der Situation, wie ich sie bereits beschrieben habe am Schreibtisch und denke über Furunkel nach. Um die Situation zu retten, sollte ich mich für „nachdenken" vielleicht auch ein anderes Verb ausdenken. Ich dachte da an etwas Malerisches. Und da fällt es mir auch ein. Klar! Malerisch. Ich nenne nachdenken *malen*. Somit sitze ich in einer völlig neuen Situation am Schreibtisch und male plötzlich Furunkel! Na, wer hätte das gedacht, dass diese Geschichte einmal so gut ausgeht? Das Happy End liegt auf der Hand und wer es nicht glaubt und verzweifelt in seiner selbst, der möge es einfach mal versuchen. Das „Nachdenken über Probleme" ist ähnlich nützlich wie „Furunkel zu malen! Es führt zu Nichts. Wer jedoch Furunkel malt, mag am Ende ein Bild geschaffen haben, bei dem er dem unwissenden Betrachter glaubhaft vermitteln kann es sei „Gott", was er da sehe und dieser mit Genugtuung den Betrachtungsort verlässt, ein gewisses Etwas bleibt jedoch im Künstler stets zurück. Hier muss ich mich nun leider der amtlichen Nomenklatur bedienen, denn es ist das Herz des Künstlers, über Probleme nachzudenken und auf diese hinzuweisen. Wer es nicht wirklich glaubt, der kann mal drüber nachdenken. Für heute bin ich müde und gehe zu Bett. Leider ist diese Geschichte noch lange nicht zu Ende. Eine Fortsetzung wird sicherlich folgen.

Anmerkung 2015: Nein, es wird sicherlich keine Fortsetzung geben!

Der kleine Peter

Herzlichen Glückwunsch, die „naive Phase" haben wir nun erfolgreich hinter uns gelassen. Somit kommen wir auch direkt zum Höhepunkt, bevor wir uns dann der „neuen Zeit" widmen, die uns in das Hier und Jetzt transferieren wird. Und man ahnt es kaum, am Ende werden wir sogar einen Blick in die Zukunft werfen, aber dazu später mehr in diesem Buch.
In den Jahren 2003 bis 2006 war ich als Kolumnist der Viersener Lokalzeitung „Nachtsicht" tätig. Unter dem Decknamen „ Linus" durfte ich mich dort möglichst humoristisch mit aktuellen Themen auseinandersetzen, die mich bewegten. Um ein kleines Experiment zu wagen, verfasste ich einmal den ersten Teil zum „kleinen Peter", der ohne Vorankündigung so in seiner Reinform plötzlich in dem Monatsblatt auftauchte. Interessanterweise hatte dieser kleine Text eine solche Resonanz bei der Leserschaft hervorgerufen, dass diese begeistert nach Fortsetzungen verlangte. Nun gut, wer es haben will, der soll es bekommen. Vielleicht findet sich ja auch hier ein Leser, dem diese kleinen „Minigrotesken" eine Lebenshilfe bieten.

Teil 1

Der kleine Peter schaute keck aus dem Fenster und zählte die lustigen Regentröpfchen, die die Scheibe herunterkullerten und „Buuuh" riefen. Ihm ward als müssten Onkel Heinrich und der alte Hansen bald den Hügel hinaufklimmen. So erwartete Peter ihre breitgrinsenden Hälse bereits sehnsüchtig! „Donnerstach!!", fluchte er, nicht wissend, dass bereits die Hälfte der Arbeit getan war! Nun galt es lediglich das güldene Amulett an die Wand zu nageln. Hierzu hatte Peter bereits im Vorfeld das Hackbrett zermürbt und sorgfältig gemehlt. „Feinschmecker, essen das bekanntlich mit Hornhautraspeln", pflegte der alte Hansen in solchen Lagen immer zu sagen. Doch Peter blies Trübsal auf das Pendel der gackernden Kuckucksuhr. Es blieb ihm einzig die gepuderte Wurst, die zahnend vom Heuballen sprang. „Et jeht nit! Et jeht nit!" stammelte Peter in seinen Holzbart. „Ich muss det, wenn dat auch eckich iss, ich muss dat im Wollsock` verstecken". Peter ging zur Ruh! Morgen würde es gewiss anders sein!

Teil 2

Der kleine Peter saß im Bad und klatschte! In der Ferne krähte ein Wasserhahn! „Wenn der nu bei misch wär, ich würd` dem der janze Driet ut der Kopp lutsche", dachte Peter. Aber die Sonne erschien schon als Frikadelle am altbackenen Firmament! Gewiss, das Wetter war knusprig, aber sollte das schon die Lösung sein? Peter legte noch mal Holz nach und zerbiss den eingemauerten Seifenhalter mit Anmut. Die Tür sprang auf und herein trat der alte Hansen und schrie:" Aha! Aha! So is dat also! Wohl billige Folie geholt!" Peter aber entgegnete barsch: „ So eine gut riechende Toilette hab ich noch nie gesehen! Das muss ich gleich meinen Nachbarn erzählen!" Der alte Hansen nahm sein Gebiss heraus, warf es auf die Domplatte und schrie was das Zeug hielt:" Hol mir einen Apfel aus der Schubkarre! Du hast hier nichts mit der gesamten Aquisition zu tun! Das macht Tante Hildegard mit Löwensenf!" Peter schaute gedemütigt durch den Schöpflöffel, trocknete das Schmalzfass und ging zur Ruh! Morgen würde es gewiss anders sein!

Teil 3

Der kleine Peter hatte Kumulusstreifen am Salzgebäck! „Wenn da nicht der Has` im Pfeffer liegt", dachte er auf hochdeutsch! Er kurbelte rasch das Winkelmaß auf Halbmast. Derweil saßen die Messdiener im Keller und grummelten sonor mit ihren Kehlköpfen. Nebenan war bekanntlich das Licht aus und der alte Hansen schlief im Sesamsack mit dem Blick gen Norden! Das war Tradition. „Ich nutze nun die Gunst der Stunde", flüsterte Peter in den Humidor. „ Ich rechne 2 mal 2!" Mit dieser Formel im Gepäck vermochte Peter nun die Wurmkur einzuholen! Doch diesmal war es Tante Hildegard im Spiegel, die ihm einen Strich durch die Rechnung machte! „Naaaaa!", sagte sie „hier haben wir wohl die Molkerei auf der Bounty, was, kleiner Peter? Aber schau mal, was ich hier habe!" Tante Hildegard tat grausames und lüftete ihr Toupet. Nun war alles ans Tageslicht geraten. Peter sah das ganze Trockenfutter und schämte sich. Onkel Heinrich schaute kreidebleich aus dem Luftpumpenventil. „Es tut mir Leid!", sagte Peter und vergaß seine Zwiebelmütze ganz im Wasserwerk. Peter ging zur Ruh! Morgen würde gewiss alles anders sein!

Teil 4

Der kleine Peter hatte die Weltformel auf einem kleinen Stück Garn niedergeschrieben und verbarg dieses als albernes Kulturgut im Handschuhfach von Hansens Zwergkaninchen. Rita, die Weltmeisterin ahnte nichts fernes, weitete aber hart im Hals des grauen Vortages die zerknickten Ballgläser jener abendlichen Fangschaltungen, die uns quer im Auf -und Abatmen daran hinderten, die selbigen als Selbstverständlichkeit zu betrachten. „Ich lass mir nicht ins Jagdhorn boxen!", schrie Tante Hildegard aus dem Dachkeller. Würde der kleine Peter heute etwa als Sieger mit dem Bus in Wanne-Eickel eintreffen? Dort deckte man bereits das Streugut ab, um es vor der Algenpest zu bewahren. Wachtmeister Hörnkes faltete sein Kinn zusammen und dachte leise „ritschratsch!" Seine Mundwinkel eckten hart an die Grenze des Denkbaren. Doch das Magnetfeld hielt Peter fest. Starr ging er zur Ruh! Morgen würde es gewiss besser werden.

Teil 5

Der kleine Peter baumelte lustig am Seil. Hart matschte sein zwetschgenförmig aufgeblähter Mund in der herzhaften Dezemberluft. Seine Augen kräuselte er hartnäckig zu einem Gewirr von querduftenden Wurstzipfeln. Ja, er schaute hinunter auf sein Lebenswerk. Dort saß der alte Hansen schaumig sprudelnd im Schaukelstuhl und roch verwegen nach Maggi. Rita, die Weltmeisterin rückte beim Seilspringen mit ihrem Bandwurm die pergamentartigen Nasenflügel ins rechte Licht. Fortschrittlich saß Tante Hildegard an ihrem Notebook und legte den ganzen Tag neue Ordner an, warf sie dann aber direkt in den Papierkorb, weil sie mal sehen wollte, wann der voll ist. „So eine Vetternwirtschaft", dachte der kleine Peter, "Habe ich wirklich alles getan, um der schwipsschwulen Spinatwachtel von Hubert den Hof zu machen?" Hubert stand am Rande, nein, er stolperte über den Horizont, meldete den Vorfall aber gleich Wachtmeister Hörnkes. Als dieser herbeieilte, um Peter das Gesäß mit Schmierkäse zu veredeln, ging Peter abermals zur Ruh! Morgen würde es sicher besser werden.

Teil 6

Der kleine Peter war ein Schwein! Er hatte Rita vollgekotzt! Alle standen im Kreis und schauten auf Peter! „ Wo kommen Sie her?" Wachtmeister Hörnkes leuchtete im Gabelstapler auf Peters Tubenfalz! „Das rigorose Dampfbaden in diesem einwandfreien Gewand gehört nicht unlängst der Zukunft an!"-"Habe ich Seifenblasen gemacht, Wachtmeister?", korkte Peter zickig aus dem Chlorophyll. Hansen tentakelte durch Kochkäse und blubberte ein verkommenes „Wuppdich!" in den wernesgrünen Opernschrank. Da Tante Hildegard im Zeitkanal auf Rügen ihr verkohltes Geleebananenamputat verzweifelt im Knobelbecher zwirnte, schien das Versmaß des Geigenreims ins schier Unendliche verzwirbelt zu sein! Niemand außer Peter hatte zuvor analytisch aufgelistet, welches Notfallprogramm für diesen Fall vorgesehen war! „Einer geht noch rein!", formulierte Peter waghalsig! Und dem war so. Das Firmament ward gülden. Eine neue Ära brach an. Prinz Sägezahn trat anmutig heran! Dies war der mundige Moment voll Oberschenkelhals! Peter ging zur Ruh! Morgen würde es besser werden.

Teil 7

Der kleine Peter malzte im gültigen Mehlwurmköstum. Prinz Sägezahn stand gewöhnlich zur Seite und leckte am Fektar der zöglich umworbenen Balzsippe. „Nussuf", rief ausdrücklich warnend Wachtmeister Hörnkes aus dem geheimen Versteck. Vom alten Hansen, der galertartig in Cäsars Rolle verschmalz, wollte niemand mehr reden. Rita sammelte das Gehackte der Sympubu aus alten Rollen verzückter Staubwaben auf und verzückte das Publikum mit einem süßlichen Laut, der nach „Jö" klingen mochte. Der Theaterabend war ein gelungener. Nun galt es die Aufmerksamkeit der Nachsorge zu widmen. Tante Hildegard hatte wesentlich weniger Wurstbrötchen als sonst verkauft und neigte zu fluchen: "Wenn üsch dänn krüsch, wänn üsch dänn krüsch!" Am Ende saßen sie jedoch gemeinsam zu Tisch und nahmen Peter ins Gewissen:"Dü höst geköttelt! Mitten ins Gesicht!" Peter erlaubte sich seiner Schuld Unbewusstheit kund zu tun, tat dies aber mit wechselndem Interesse. Peter ging zur Ruh! Morgen würde es gewiss besser werden.

Teil 8

Der kleine Peter raspelte sein Zahnfleisch mit dem Geodreieck zu mundgerechten Stücken auf der Holzbank des ihm zugeschriebenen Arbeitsbereiches im Hörsaal der Universität. Sabbernd und spanend rief er lustig „kiki, kiki" um damit die Aufmerksamkeit seiner Kommilitonen auf sich zu lenken, mit dem Ziel endlich Münzfernsprecher in der Mensa zu werden, dem jeder seinen Obelix in den Schlitz steckte um entweder Rita über die Weltmeisterschaft zu berichten, oder einfach dem alten Hansen ein feuchtes „Mir geht's gut, mach grad Sägemehl" zu übermitteln. Ja, Peter studiert jetzt Informatik. Auf die Klowand hat er bereits „1100101001" geschrieben. Dies bedeutet nichts anders als „Zknfew634". Der Professor, wer konnte es anders sein als der bekrautete Hansen, betrat mit Wachtmeister Hörnkes im Geleit die Bühne und flutsche kreidekäsig ans Rednerpult! „Paragraph 1: Peter ist doof!" schrie er. Peter nahm es gelassen und konvertierte 50g Zwiebelwurst meisterhaft in Binärcode, was dann auch gleich in der Matrix unterging. Hörnkes, der Wendehals quadrierte lustig die Länge seiner Poritze (in cm), musste aber kapitulieren, weshalb er Peter exmatrikulierte. Peter ging zur Ruh. Morgen würde es sicherlich besser werden.

Teil 9

Der kleine Peter sehnte sich nach Gurkensalat. „Tante Hildegard, brumm nochmal das alte Lied!" verlangte er. Der alte Hansen kam derweil steil aus dem Gebüsch, während Rita ihren orangefarbenen Hüpfball ins Gefrierfach legte, auf dass er ihre Symphyse erfrische! „Alles nur verlogenes Gebäck, Haken und Ösen im Gedönsrat", waltete Wachtmeister Hörnkes seines Amtes. Die Erde tat mit Getöse einen gewaltigen Spalt aus dem hervorsprudelnd Graf Oleander emporzischte! „Seht her, esst mehr Obst", quarkte es anmutig aus seiner Kehle. Die Sonne wurde Scheiße, der Himmel ward Wurst, aller Odem verzweigte sich zu Bockshorn. Auf dem Dach ein lang vergessener Konkurrent, der große Walter! Nur ein Hologramm, oder vermochte er sich mit einem Sprung aus mutiger Höh' im freien Fall sein eigen Antlitz zu verschlucken? Ein Bretzeln liegt im Handschuhfach! War sie dort bevor man sie vergaß? Wo blüht nun die Karputzelnuss? Labskaus kommt den Bach herab. Ja könnte es nur Sülze sein! Graf Oleander drehte sich selbst auf links und zeigte sein Gedärm. „Hoppla!" rief der alte Hansen, „wer wird denn da gleich neidisch sein?" Peter war bereits im Koffer! Er ging zur Ruh! Morgen würde es gewiss besser werden.

Teil 10

Der kleine Peter pflanzte einen Purzelbaum in magische Eck und beschwerte ihn mit Töricht. Hansen schmierte das Dickicht mit Eichhörnchenöhrchenöl. Tante Hildegard und Weltmeisterin Rita zupften und rupften im Habichtskostüm die zweifelhaften Triebe der Sauwurz. Wachtmeister Hörnkes ahnte bereits, dass Gartensaison sei, befand alles für rechtmäßig und verwies mit hoher Denkerstirn und Paragraphenodem auf die Satzung welche die Präambel vorschrieb! „Niemand buttert die Häschen, niemand nudelt die Dirn!" Es wäre ach so schön, wenn nicht Kandidat Reibach unentwegt versuchte, Graf Oleander hierhin zu befördern. Dafür gab es schließlich fünf Punkte auf dem Schlüsselbrett, welche nur durch heftiges nagen an der Fräskante nichtig gemacht werden könnten. Das war ein Anreiz. Dies wussten auch die anderen. Dennoch, im Karpfenteich brodelte es nicht unwesentlich, weshalb man kollektiv beschloss, das traditionelle Tubakonzert, begleitet durch zünftiges Ohrbohren für diesen Abend abzusagen und es durch herkömmliches Streichfett zu ersetzen. Somit war auch für Peter der Ofen aus. Ein letztes Mal knackte er triolisch mit den Augenbrauen und zerrieb sich selbst auf dem heißen Asphalt. Dann ging er zur Ruh! Morgen würde es sicherlich besser werden.

Und ehe man sich versieht, sind wir dann auch schon in der Gegenwart angekommen. In den vergangenen etwa fünf Jahren habe ich etwa gefühlte zwanzig Anläufe genommen, meinen Nachfolgeroman zum „Rummelplatz mit Seifenblasen" und der „Friseurin" zu verfassen. Jedes Mal, wenn ich gerade ich Fahrt war, änderte sich der Verlauf der Geschichte und die Realität machte mir einen Strich durch die Rechnung. Aus diesem Grunde lasse ich auch nur einen wirklich kleinen und völlig aus dem Zusammenhang gerissenen Fetzen (bisher gab es in diesem Buch ohnehin noch keinen Zusammenhang und somit fange ich damit nun auch gar nicht mehr an)stehen, den ich zu einigen weiteren Kurzgeschichten in die „goldene Ära der Neuzeit" füge. Im Stile dieser Kurzgeschichten entsteht derzeit übrigens parallel ein eigenständiges Buch, zudem ich mich in Kürze, jedoch an anderer Stelle noch konkreter äußern werde. Was den Inhalt aller Geschichten betrifft, so lasse ich bewusst die Frage offen, ob es sich hierbei um die Wahrheit oder Fiktion handelt, bis auf die Anekdoten vom „kleinen Peter", die sich tatsächlich so ereignet haben.

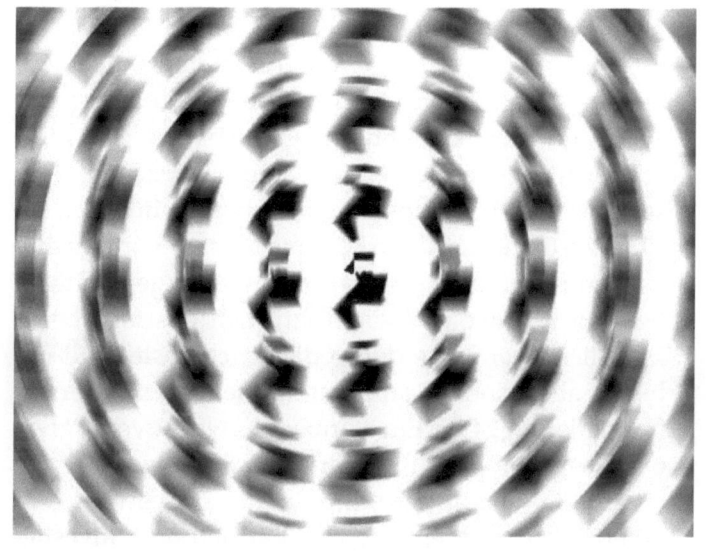

Ich kann es nicht lassen

Und plötzlich poppt da doch tatsächlich so ein Werbebanner auf, während ich wie jeden Abend nach Feierabend zu Hause im Internet surfe, weil die Welt da draußen über ein kleines Kabel siedend heiß in meinem Wohnzimmer frisch auf den Schreibtisch serviert wird. Die hübsche Anzeige berichtet mir vom Testsieger, dem seriösesten aller seriösen Partnerbörsen im Internet. TÜV-zertifiziert, HIV-frei, ohne Zusatz von synthetischen Geschmacksverstärkern, weder genmanipuliert noch sonst wie widernatürlich geartet, aber – natürlich, wer hätte das gedacht- es kostet halt ein bissel, aber einen Testmonat könne man mir derzeit für schlappe 24.95 Euro anbieten. Naja, wer täglich 6 Euro in Kippen investiert, der kann ja auch mal einen relativ knappen Euro –natürlich testweise für einen Monat- in eine solche Partnerbörse investieren. Es ist ja nun bei weitem nicht so, dass ich auf Werbung jedweder Art hereinfallen würde, aber als ich nur wenige Minuten später doch tatsächlich im TV-Gerät hinter mir einen Werbespot desselben Unternehmens zur Kenntnis nehmen musste, wusste ich, dass es sich hierbei um eine schicksalhafte Fügung handelte. Das konnte nun kein Zufall mehr sein. Hier kam ein Signal von Gott. Er meinte es gut mit mir.

Ja und so ein Profil ist schnell angelegt. Aber das ist ja nun alter Hut und bedarf keiner genauen Erörterung. Wie schön, dass es sogar eine Hotline gab, die 24 Stunden rund um die Uhr zum Nulltarif erreichbar ist, sodass ich auch noch ganz schnell telefonisch meine Bankverbindung angeben konnte und binnen 5 Minuten meinen vollen Zugriff auf das Portal hatte. Ich sag's ja immer: Unsere heutige Zeit bietet ganz tolle Kommunikationsmöglichkeiten. Vor nur wenigen Jahren hätte ich es mir nicht ausdenken können so ganz plötzlich einen äußerst freundlichen Herrn, den ich ja nun gar nicht kannte, am Telefonapparat zu haben, der mir dankbar lauschte, als ich ihm meine Bankverbindung mitteilte. Meinen ersten neuen Freund hatte ich in diesem Portal hiermit bereits gefunden.

Noch am selben Abend lernte ich Daniela kennen. Unser Online-Kontakt war von kurzer Dauer. Schnell stellte sich heraus, dass meine neue Bekanntschaft genau wie ich in Düsseldorf lebte und nur 6 km von mir entfernt lebte. Da bot es sich an, rasch zum Telefonhörer zu greifen, um vielleicht noch ein schnelles Date auszufeilen. Der Tag war jung und nur ca. 2 Stunden nach meiner Anmeldung im Online-Portal saß Daniela bei mir zu Hause auf der Couch und genoss einen ihren Worten nach »sehr inspirativen Abend«, worauf wir uns schon am Folgetag zu einem gemeinsamen Spaziergang mit ihrem Hund verabredeten, um im Anschluss daran bei mir eine hausgemachte Kürbissuppe einzunehmen und daraufhin gemeinsam Bowling spielen zu gehen. Ich warf zwei Kugeln auf die Bahn und verknackste mir dabei gekonnt den Halswirbel meines in der Literatur ausreichend beschriebenen Bandscheibenvorfalls, was dazu führte, dass ich etwa 20 Minuten später um sie herumtorkelte wie eine durchgebrochene Salatgurke. Ich stand also so richtig meinen Mann. Was soll ich zu Daniela sagen? Sie war IT-Projektleiterin eines großen Telekommunikationsunternehmens, liebte Excel-Tabellen und Datenbanken, kam ursprünglich aus Jena und war eine Frau, die es aus eigener Leistung bis an die Spitze eines großen Konzerns gebracht hatte. Ja, Daniela war die Karriereleiter hinaufgeklettert ohne sich dorthin zu vögeln. *Self-Made-Woman*. Genau so war auch ihr Biss. Sie berichtete zwar, dass sie gerne Schwänze lutschte und Ficken für sie ein elementares Thema im Leben ist, kokettierte stolz mit ihrer quellwassergesprudelten, geruchsneutralen und blankrasierten Pussy, die ich nie zu sehen bekam und auch nicht in Ansätzen erschnüffeln konnte, aber sie war halt eine Frau der Theorie. Ihr Einfallsreichtum ließ auch ein wenig mein Interesse nach ihr verblassen, als sie mich für den Tag darauf zu einer von ihr hausgemachten Kürbissuppe einlud, weil sie es allem Anschein nach sportlich sah und mir nun zeigen wollte, wer denn hier wohl die bessere Suppe machte. Im selben Atemzug berichtete sie von ihrem körpertemperierten Wasserbett, in das ich mich in dieser Nacht hineinlegen könnte, bekam sogar nach meiner Ankunft bei ihr kurz die Gelegenheit mich hineinzulegen, ahnte aber gleich, dass ich mir in diesem Bett wohl kaum selbst einen runterholen könnte ohne dabei nicht seekrank zu werden. Jede ruckartige Bewegung am Schwanz hätte unweigerlich einen wellenartigen Schlag in den Nacken zur Folge gehabt. Als Daniela mich dann noch dazu einlud auf ihrer Couch Platz zu nehmen um gemeinsam »Deutschland sucht den Superstar« zu schauen und im Anschluss eine Runde Mau-Mau zu spielen, wusste ich, dass ich im falschen Film war. Ich wollte nach Hause. Wirklich! Außerdem war meine Kürbissuppe besser. Ich habe ihr aber gesagt, dass ihre besser war, damit sie auch weiterhin erfolgsverwöhnt auf der Woge ihres elitären Besserseins weiterfliegen konnte. Jegliche Diskussion darüber, welche Suppe nun tatsächlich besser gewesen ist, hätte eine endlose Nacht mit Auswertungen von Excel-Tabellen zur Folge gehabt...sorry, da war mir nicht nach.

Dann lernte ich Yvonne kennen. Yvonne wohnte sogar noch viel näher bei mir; ich möchte mal sagen 3 Straßenbahnstationen von mir entfernt. Umgerechnet etwa 2 Kilometer. Yvonne war Erzieherin. 30 Lenze jung. Vom Gesicht her ein „Björk"-Typ. Ja, sie hatte die Gesichtszüge dieser isländischen Sängerin. Im Internetportal überzeugte ich sie mit dem Argument, dass es ja nun völlig schwachsinnig sei, hier online herumzuchatten, wo man doch auf so kurze Distanz lebte und forderte sie auf in dreißig Minuten im Bistro »Mangold« in Düsseldorf-Derendorf zu sein und dort auf mich zu warten. Dort angekommen entdeckte ich sie, gesellte mich zu ihr und war erstaunt darüber, welche Mengen Alkohol in so einen kleinen Körper passten. Ich nahm mir also das Recht heraus, sie auf eigene Kosten abzufüllen. Etwa 50 Euro später hielt ich es für angemessen, Yvonne zu einem Spaziergang einzuladen, dem sie bereitwillig zusagte. Es verschlug uns auf einen nur wenige Meter entfernten Spielplatz in einen Sandkasten und ich dachte mir, dass es nun wohl an der Zeit wäre zu knutschen. Das mit dem Knutschen klappte auch, wenngleich sie zu bedenken gab:
»Du, ich kann hier nicht ficken! Ich bin hier jeden Tag mit den Kiddies auf die ich aufpasse, weil als Tagesmutter ist das hier schon mein Arbeitsplatz!«

»Pffft…ich hab neulich in der Firma, bei der ich arbeite eine Nachtschicht eingelegt, war ganz alleine dort und hatte irgendwann Lust bekommen meinem Chef auf den Schreibtisch zu wichsen, was ich auch getan habe. Geschadet hat das nicht! Wobei ich natürlich sagen muss, dass ich mir das wirklich mal gegönnt habe. Aber ich bringe durchaus Verständnis dafür auf, wenn du das nicht so kannst. Was schlägst du also vor? «
»Ich schlage vor wir lassen das für heute und sehen uns morgen wieder! «
»Ihr Frauen und euer *morgen*. Als ob *morgen* immer alles anders wäre. Ihr begreift nicht, dass es *morgen* nicht gibt. Spricht man euch *morgen* an, dann sagt ihr wieder *morgen*! Warum tut ihr das? «
» Weil wir *heute* an *morgen* denken und unsere Gedanken durchaus weitreichender sind als bei euch Männern. Wir hatten einen schönen Abend. Willst du das bestreiten? «
»Nö!«
»Gibt es etwas, das dir fehlt um nun glücklich zu behaupten, dass der Abend schön war? «
»Zweifelsfrei war der Abend schön. Das wird er wohl immer noch sein. Was mich etwas wundert, du glaubtest tatsächlich ich hätte dich zum *ficken* auf diesen Spielplatz abgeschleppt, wobei ich mich hier wirklich gar nicht auskenne und auch nicht wusste, dass uns hier wenige Meter weiter ein Spielplatz erwarten würde. Was mich wundert ist dass du sagst, du würdest hier nicht *ficken* wollen. Meine Antwort mit der Firma und dem Chef sollte schon eine gewisse Entspannung in die Situation bringen, vielleicht sogar witzig sein. Kann sein, dass

das misslungen ist. Wir treffen uns gerne morgen wieder. Ganz wie du magst! «

Ich traf mich mit Yvonne ganze drei Wochen lang - jeden Tag, jeden Abend- ohne, dass wir uns körperlich näher gekommen wären. Es hat bei mir nicht *sollen sein* (wie sehr liebe ich diese Formulierung), mochte Ivonne aber jeden Tag mehr als liebsamen freundlichen Kontakt, bis zu dem Tag als sie mir mitteilte, sie wolle den Kontakt nicht mehr, weil ich sie scheinbar nicht lieben würde. Ihre Nachricht kam per SMS. Tja, Yvonne, was soll ich sagen…Liebe ist ein ziemlich großes Wort.

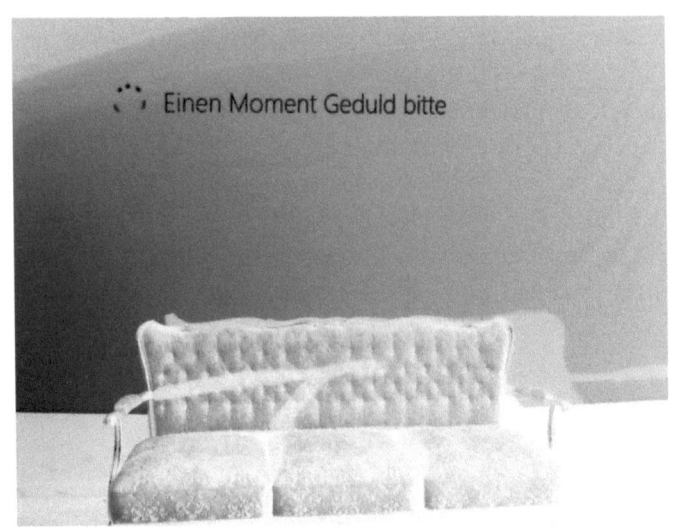

Hotel

In den letzten zwei Stunden hatte ich mir bereits viermal einen runtergeholt. Nicht etwa, weil ich von Geilheit besessen war, sondern vielmehr um den Tag mit Fleisch zu füllen. Der alte Röhrenfernseher auf dem Stativ oben rechts an der Wand war imstande ARD, ZDF und ein schneeverwehtes RTL zu servieren. So ließ ich denn Horst Lichter eine Möhrensuppe kochen. Die Minibar gähnte vor Leere, die Gaststube im Erdgeschoss hatte am Wochenende geschlossen. Kein Frühstück, kein frisch gezapftes Bier zur Mittagszeit und auch der Zigarettenautomat war vom Strom befreit. Und draußen auf der Straße – so verriet mir mein halbstündiger Blick aus dem Zimmerfenster – fuhr kein Auto, bewegte sich kein Mensch und auch in den Häusern gegenüber war durch deren Fensterscheiben kein Leben festzumachen. Apricotfarbene Bettwäsche, auf Brettformat gestärkt, wartete also nur sehnsüchtig auf Ejakulat. Dieses Zimmer eignete sich hervorragend für einen kalten Entzug! Und ich wusste, der morgige Tag würde sich noch einmal genau so gestalten. Wie viele Männer hatten in diesem Bett wohl vor mir ihren Schwanz ausgequetscht? Wie viele Frauen mögen sich hier einen Teig in der Schüssel angerührt haben? Und wie viele davon hatten genau die Bettwäsche übers Plumeau gezogen, die ich hier gerade signierte? Vielleicht wurde hier ja sogar mal gevögelt? So heimlich meine ich. Der verschwiegene Hotelier gewährte dem einen oder anderen Dorfbewohner hier doch sicherlich gerne einmal Gelegenheit für ein Schäferstündchen für solche, deren Leidenschaft unentdeckt bleiben musste. Der Dorfmetzger mit der

Reitschülerin vom Gestüt zwei Straßen weiter, die sich beim Schweineblut kennenlernten, der Gärtnerlehrling mit Madame Fiquepeau von der Villa Rosengold unweit von hier. Alle sie konnten hier in diesem Hotel am Wochenende ein Plätzchen finden, an dem sie ungestört der verbotenen Liebe frönen durften. Ist ja schließlich Kochwäsche. Da geht alles wieder raus. Gesellt sich gerne zu weißen Westen.

Dieser scheiß Ohrwurm von den Ärzten, er ging mir seit gestern nicht mehr aus dem Kopf. „Duhuhuuuu Arschloch!" – Letzte Nacht gegen drei Uhr wurde ich wach und was präsentierte mir mein Hirn als erstes, nachdem ich spürte, dass ich scheinbar lebe? „Duhuhuuuu Arschloch!" Es wollte einfach nicht aufhören. Ich hätte wirklich besser ein anderes Lied gestern gehört, bevor ich aufbrach von meinem Zuhause, um in dieses Hotel zu gehen. Selbst beim wichsen schoss mir das noch durch den Hirnbrei. Einen klaren Kopf hätte ich gebrauchen können; nichts anderes als einen klaren Kopf. Da wären ausreichend Fragen gewesen, die auf eine Antwort warteten. Eine wesentliche und zentrale Frage lautete zum Beispiel: Was nun? Oder: Was jetzt? Oder: Hä?

Ich versuchte mir Gedanken um Nahrungsaufnahme zu machen. Ich könnte nicht zwei Tage hier liegen und nichts mehr essen. Einen Augenblick lang dachte ich darüber nach, einfach nach unten in die Hotelküche zu gehen, um nachzuschauen, ob da nicht etwas Essbares im Kühlschrank ist. Es würde ja sowieso niemandem auffallen, da ich ja völlig alleine hier bin. Dieser Gedanke nahm zunehmend Form an. Ja, er begann mich zu faszinieren und ich musste dem nachkommen. Zudem reizte mich die

Vorstellung, einfach in der alten Unterhose von gestern bekleidet hier herumzugeistern und zu plündern. Alarmanlagen oder so einen Kram, da war ich mir sicher, so etwas gäbe es hier nicht. Eventuell liefe da unten ein auf Schienbeinzerbeißen getrimmter Schäferhund herum, der am Wochenende diesen Gebäudekomplex bewacht, aber wenn ich mit diesem in die Küche ginge, dann könnte ich ihn doch sicherlich schnell auf meine Seite bringen.
Lichters Möhrensuppe war auch bereits fertig und das Publikum im Studio von *Lafer, Lichter lecker* begeistert. Was für eine ehrliche und grundsolide Mahlzeit! Mein Entschluss stand fest. Ich würde nun in dieser Stätte der Gastlichkeit auf Nahrungssuche gehen! In meinem Koffer befand sich noch eine 10ml Flasche mit einem Restbestand von Tinidil-Tropfen. Das würde noch für etwa zwei Trips reichen. Also entschied ich mich dazu, obwohl ich frei von Schmerzen war, mir etwa sechzig Tropfen einzufahren, den Wumms abzuwarten, der sich circa 20 Minuten später einstellt, um dann mit frischem Mut auf die Abenteuerjagd zu gehen.
Als ich die Tropfen ich den Zahnputzbecher gab, stellte ich mir die Frage, wie viele betagte Bewohner meines Zimmers ihn zuvor dazu missbraucht hatten, ihr Gebiss darin einzulegen, weil sie ihre Correga-Tabs-Dose vergessen hatten. Egal. Sicherlich kam aus dem Wasserhahn quelleigenes Trinkwasser. Irgend so etwas stand auch auf der Klospülung. Von wegen *Unsere Toilettenspülung wird der Umwelt zuliebe mit Wasser aus dem eigenen Brunnen gespeist*. Also Ex und Hopp! Als ich mit Tinidil anfing stellte ich mir oft die Frage, was sich die Pharmazeuten da einfallen lassen haben, einen solch beschissenen

Geschmack zu designen. Das Zeug schmeckte wirklich widerlich, wie Kotze, die mit Batteriesäure veredelt wurde. Aber irgendwann später, begann ich diesen Geschmack zu lieben und veredelte ihn sogar mit einem guten Glas Rotwein. Aber all dies sollte fortan der Vergangenheit angehören, denn schließlich verköstigte ich hier nur noch einen spärlichen Restbestand. Danach sollte es nie wieder Tinidil geben. Es war höchste Zeit, damit aufzuhören. Aber dieser eine, der sollte nun noch drin gewesen sein. Schließlich würde ich mich auf semikriminelle Expedition in dieses Hotel begeben. Verkleidet als Asi, in der Unterhose von gestern und im Falle des Erwischtwerdens, könnte ich immer noch sagen: *Das ist nicht das, wonach es aussieht! Ich suche lediglich einen Notarzt!*
In meine Unterhose klemmte ich eine Packung Streichhölzer, die als Gastgeschenk dieses Nichtraucherzimmers auf dem Schreibtisch lagen. Man weiß ja nie, wie dunkel es da wird, wo man hin geht. Socken zog ich auch noch an, weil sie einfach vor dem Bett lagen. Das Tinidil versorgte mich derweil mit einer glasigen Milchschicht auf den Augen. Linksdrehendes Hirn. Leberwurst im Kopf. Es war auch nicht kalt, obwohl Februar. Besser gesagt: Mir war nicht kalt, obwohl Februar.
Beim Verlassen des Zimmers achtete ich sehr wohl darauf, den Schlüssel mitzunehmen. So blöd kann ich also gar nicht gewesen sein. Beim Schließen der Zimmertür fiel mir erstmals bewusst dieses wunderschöne aus Salzgebäck gefertigte Schild auf! Aha! Zimmer 12! Auf der Fensterbank im Treppenhaus lag eine Ausgabe des „Spiegels", der kaum 4

Monate alt war. Den würde ich auf meinem Rückweg natürlich mitnehmen.

Die Gaststube war abgedunkelt. Jalousien heruntergelassen. Und dennoch nahm ich sie wahr, die groben und klotzigen Tische aus Eichenholz, darauf die großen Aschenbecher. Der Fliesenboden schien sauber zu sein und klebte auch nach dem geselligen Abend vom Freitag nicht, wie nach einer großen Party. Da hatte sicherlich die Frau des Hoteliers mit ihrer karierten Schürze noch vor Feierabend den Wischmob geschwungen. Und genauso roch es auch. Die Luft war imprägniert von Schmierseife, Bierhefe, in Polsterkissen getarntem Zigarrenrauch und Nuancen von verkochtem Grünkohl. Das gelangweilte Surren von Kühlschränken vernahm ich dazu. Auch die rustikalen Holzbalken an der Decke wollten zeitweilig knacken und vielleicht sogar warnend Eindringlinge vertreiben. Holz lebt! Hinter der Theke erkannte ich die Metallpendeltüre wieder, die im oberen Drittel mit einem eingelassenen Fenster ein seichtes Licht aus der Küche in die Gaststube einfallen ließ. Dort wollte ich hin! Einen Schäferhund vermisste ich und Angst stand auf jedem anderen Plan, aber nicht auf meiner Liste. Hinter der Theke öffnete ich zunächst einen Kühlschrank, der mir zu meinem Erstaunen ganze sechs Flaschen Bier bescherte. Da kam große Freude auf, da ich sie bereits mein Eigen nannte und musste jäh enttäuscht werden, als ich der ersten Flasche auf das Etikett sah: *Erdinger alkoholfrei*

Da war eine gewisse Logik drin. Echtes Bier gab es hier nur vom Fass. Beim Betreten der Küche, Herrgott, da war alles wie ich es mir vorstellte. Gasherd in der Mitte, Edelstahlschränke, polierte Arbeitsflä-

chen, große Abzugshaube, ein großer Holzklotz mit Salz eingestreut zum Zerhacken von Knochen fürs Auskochen großartiger Soßen und kräftiger Suppen. Gusseiserne Pfannen und gestählte Töpfe hingen an Eisenhaken griffbereit an der Wand. Was für ein Traum von Küche. Einen Moment lang war ich geneigt, den Herd anzuschmeißen, eine Pfanne aufzulegen und mir Speck auszulassen, um dann anschließend zwei bis drei Eier hinzu zu hauen, mit dem Ziel mir ein ordentliches Omelette zu bereiten, als ich plötzlich begriff: *Ich steh hier nur in Unterhose mit Streichhölzern! Sieht doof aus!*
Ich öffnete eine Kühlschranktür, aus dem Affekt, wie sich versteht. Darin fand ich: Drei Blutwurstringe, einen Eimer Kartoffelsalat, einen halben Weißkohl, Schmalz, eine 10er Packung Eier, in denen noch drei Stück vorhanden waren, ein großes Glas eingelegte Gurken, Bratfett aus der Packung, zwei Packungen gekochte rote Bete, ein angebrochenes Glas Schattenmorellen, eine angebrochene große Dose Ananas, eine recht widerlich in Folie verpackte und angebrochene Packung Formfleischvorderschinken, einen kleinen Eimer mit *Irgendwas* und zweieinhalb Salatgurken. Da war sicherlich noch mehr, aber es mag sich mir heute nicht mehr erschließen.
Ich entschied mich spontan für eine Blutwurst!
In einem hölzernen Vorratsschrank fand ich neben relativ belanglosen Konserven sogar eine frische Packung Knäckebrot! Ungeöffnet! Die gehörte mir.
In der Spülküche fand ich einen kleinen Plastikeimer, von dem ich glaubte, dass er mir sehr gute Dienste leisten könnte. So nahm ich ihn mit und instinktiv eine Suppenkelle dazu! Ich wusste wofür!

Zurück an der Theke füllte ich den Eimer mit Schwarzbier vom Fass. Fünf Liter! Es brauchte etwa 4 Versuche, bevor ich beim Abfüllen in den Eimer den Schaumwurf in den Griff bekam, aber schlussendlich schaffte ich es, den Eimer vollzufüllen. Kaum vorstellbar, welch' Triumpfgefühl meinen Geist erschütterte: Eine Blutwurst, einen Fünf-Litereimer-Schwarzbier, eine Suppenkelle und eine Packung Knäckebrot waren meine lebensrettenden Utensilien geworden!
„Duhuhuuuu Arschloch! Arschloch!, Arschloch!"
Zurück in Zimmer zwölf war ich der Sieger auf voller Länge. Mit der Suppenkelle schenkte ich mir reichlich Bier in meinen Zahnputzbecher und ich war mir gewiss, gingen mir die Getränke heute Nacht aus, so könnte ich mir jederzeit mein Eimerchen unten wieder auffüllen. Das ZDF präsentierte mir derweil Nina Ruge und während ich herzhaft in die Blutwurst biss, überlegte ich kurzfristig, ob ich noch mal Hand anlegen sollte, fand genau das dann aber so banal-absurd, dass ich tatsächlich darüber eingeschlafen sein muss.
Es war demnach am nächsten Morgen, als es plötzlich völlig unerwartet an meine Zimmertür klopfte und ich jäh aus dem Schlaf gerissen wurde. Der Blick auf meine Armbanduhr bestätigte mir elf Uhr! Es klopfte erneut und ich hatte keine andere Wahl, als zu fragen:
„Äh, ja was denn bitte??"
„Herr T******, guten Morgen, ich wollte nur einmal nachfragen...brauchen sie vielleicht ein neues Handtuch??"
„Och...och nö, ist ok...lassen sie mal, ich bin wirklich bestens versorgt! Vielen Dank!"

„Ok, dann Ihnen einen schönen Sonntag!"
„Äh, ja danke! Vielen, vielen Dank!"
Ja, ich hatte Gesprächskontakt und zum ersten Mal seit 2 Tagen mit einem Menschen gesprochen. Wenn auch nur durch eine verschlossene Tür, aber ich war mir bewusst: Heute ist Sonntag, der Laden hier gehört wieder mir, morgen muss ich zur Arbeit und ich muss mir so langsam mal Gedanken darüber machen, was ich meinem Chef morgen erzählen werde, wenn ich dort ankomme. Ein Gespräch ist unausweichlich! Ich befinde mich in einer äußerst misslichen Lage. Spätestens morgen früh werde ich hier wieder abreisen und dieses Hotelzimmer hinter mir lassen. Aber was ist dann?? Was verdammt noch mal wird dann sein??
Ich schmiss mir die allerletzten Tinidil-Tropfen in den Hals, soff einen halben Liter Brunnenwasser hinterher, schüttelte die apricot-farbene Bettwäsche einmal auf, legte mich wieder zu Bett und stellte mir eine wunderschöne Ricola-Schweizer-Kräuterzuckerwiese vor, zwischen schneebedeckten Bergen, warmer Luft und Hummelgebrumme, streckte Arme und Füße in alle Himmelsrichtungen aus, ließ den lieben Gott für eine Stunde einen guten Mann sein und überlegte mir dann im Anschluss echt, wie ich in genau diese Situation hier kommen konnte und ließ die Geschichte der letzten eineinhalb Jahre noch einmal vor meinem Auge Revue passieren!
Irgendetwas war hier schief gelaufen.

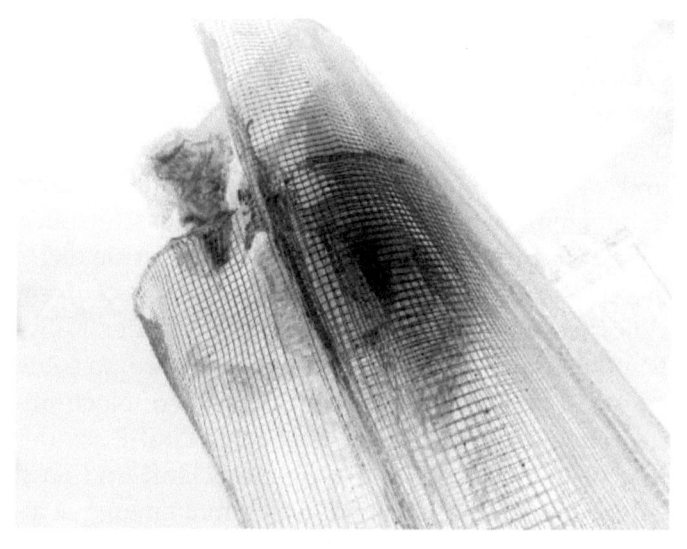

Solipsismus
(Momentaufnahme aus der Psychiatrie)

Ich schreibe im Präsens. Die Nacht beginnt und mit ihr hat die Nachtschwester Einzug gehalten. Von mittlerer Größe, mit weiblichen Rundungen reich gesegnet, geziert von blondem Kurzhaar und grünen Augen tritt sie auf mich zu, nennt ihren Namen, den ich sofort vergesse und kontrolliert noch einmal meinen Blutdruck. 145 zu 100 misst er und ist somit immer noch zu hoch für einen Mann in meinem Alter, der seit Stunden ausschließlich sitzender Tätigkeit nachkommt. Alleine ist sie nicht. Sie hat einen jüngeren Mann im Schlepptau, ein Wischmob, genetisch eng verwandt mit der Kelly-Family. Und wenn denn irgendetwas wäre, so sollte ich nicht zögern mich bei ihr zu melden. Noch immer sitze ich im Flur und beobachte Graf-Rotz, der hier noch ein paar Runden im Kreis läuft und nach jeder vollendeten Umrundung einmal einen gewaltigen Klurks aus seinen Lungenflügeln hochzieht und ihn daraufhin an einem dicken sämigen Schleimfaden von schnittfester Konsistenz in den Mülleimer rotzt. Dies tat er schon den ganzen Tag. Zwischenzeitlich rotzte er jedoch nicht in den Mülleimer, sondern nutzte auch herumstehende halbgeleerte Kaffeetassen anderer Insassen als Ziel. Er bekommt seine Nachtmedikation, schaut mich an und sagt:»Meine Nieren tun mir weh. Mein Kopf tut mir weh. Mein Hals tut mir weh. Mein Arsch tut mir weh!« Er bewegt sich ein paar Schritte auf mich zu, bleibt vor mir stehen, fixiert meine Augen und ergänzt:»Aber weißt du was mir am meisten wehtut? Mein Schwanz! Mein Schwanz tut mir saumäßig weh. Am allerschlimmsten tut mir mein Schwanz weh! Warte mal, ich muss rotzen!« Er geht zum Mülleimer und scheißt ein Ei aus dem Hals. Ich entscheide mich dazu mir ein Buch aus meiner Tasche zu kramen und darin zu blättern. Es trägt den Titel »Was bedeutet das alles? – Eine ganz kurze Einführung in die Philosophie«. Geschrieben von Thomas Nagel. Ich schlage eine willkürliche Seite auf und lese etwas über »Solipsismus«. Es handelt sich um eine philosophische Weltanschauung, die besagt, dass das einzig existierende unser eigener Geist ist. Das bedeutet in etwa, dass alles, was ich wahrnehme, was ich fühle, denke, anfasse und erlebe einzig und allein ein Konstrukt meines Geistes ist. Im Moment jeglicher Wahrnehmung konstruiert mein Geist die Realität und Realität ist nichts anderes als das Schaffen meines Geistes. Die Vorstellung begeistert mich. In Wirklichkeit sitze ich hier also gar nicht in der Psychiatrie. So etwas wie Psychiatrie gibt es auch gar nicht. Auch meine Erinnerungen an Vergangenes werden in dem Moment durch meinen Geist generiert, an dem ich sie hervorhole. Das Buch, welches ich zurzeit in der Hand halte existiert überhaupt nicht. Sein Inhalt, den ich lese, er entsteht in meinem Geist. Der Autor wurde von mir erfunden. Eine durchaus amüsante Vorstellung, die zum Phantasieren einlädt. Und doch ist jede Phantasie, die mir entspringt wiederum nur ein Gedanke in einer gedachten Welt. Ich habe gar keinen Blutdruck. Ich denke ihn mir nur aus. Was mich stört: Warum generiert mein Geist einen solchen Mist und setzt mich in die Psychiatrie und setzt mir Graf Rotz vor die Augen? Könnte mir mein Geist nicht irgendeine wilde Orgie präsentieren? Könnte mein Geist mich nicht einfach an den Strand von Malibu setzten und mir einen Cocktail in die Hand zaubern? Könnten sich nicht einfach gerade zwölf nackte Weiber wollüstig um mich räkeln? Aber nein. Mein Geist muss ausgerechnet so einen Unsinn generieren und mich in die Psychiatrie setzen. Somit säße ich ja sogar zu recht hier! Ich entscheide mich dazu aufzustehen und in den Speiseraum zu gehen, um mir einfach mal anzuschauen, wozu mein Geist noch so alles imstande ist. Auf dem Tisch zaubert mir mein Geist nun zwei halbleere Metallschüsseln mit Wurstsalat, die vom Mittag übrig geblieben sind. »Toll, was du so kannst!«, denke ich in Gedanken. »Wurstsalat! Respekt!« Und schon schießt mir die nächste Vision in den Schädel. Ich sehe Graf Rotz in meinen Gedanken, wie er tagsüber den Wurstsalat segnet. Ich sehe ihn vor den Schüsseln stehen und dorthinein rotzen. Niemals im Leben werde ich hier etwas zu essen anrühren. Niemals. Mein Geist entscheidet sich dazu mich wieder auf den Stuhl im Flur zu setzen. »Nun überrasche mich doch einmal mit etwas Schönem du Kackhirn und wenn du nichts Besseres auf die Kette bekommst, dann schenke mir eine schöne Erinnerung an etwas, das du gerade erfindest! Los! Zeig mal was du kannst!« Mein Geist erzählt mir, wie dieser frei erfundene Tag begann:

Erinnerst du dich an heute Morgen? Du konntest die Nacht zuvor nicht schlafen und wolltest dich mit Apfelwein zuballern um zur Ruhe zu finden! Du hattest bis Punkt 8.00 Uhr gewartet, als der Getränkemarkt seine Pforten öffnete. Und da war diese Frau, die im Getränkemarkt arbeitet. Seit einiger Zeit hatte diese Frau es sich zur Gewohnheit gemacht dir immer eine Gratisflasche Bier zu schenken, wenn du dort einkaufen warst. Und immer fragtest du dich, warum sie das nur tut. Überhaupt war diese Frau, die zuvor stocksteif und tiefgefro-

ren wirkte, die niemals lächelte mit einem Male wie verzaubert und konnte sich vor lauter Freundlichkeit kaum halten. Erinnerst du dich? Heute Morgen hast du die Antwort auf die Frage bekommen. Weißt du noch? Die Frau sprach dich nämlich an, als du heute Morgen dort warst, um dir Apfelwein zu holen! Was sagte sie noch? Genau: »Ich weiß, es geht mich ja nichts an, aber ich muss sie mal etwas fragen!«
»Na dann fragen sie doch«, sagtest du.
»Ok, die Frau, die sie da neulich bei sich hatten, ist das IHRE Frau?«
»Nun, sie ist meine Partnerin und ich hoffe doch sehr, dass sie einmal meine Frau wird«, gabst du zur Antwort und fügtest hinzu »Wieso fragen sie denn? Glauben sie etwa eine bessere Frau für mich zu haben?«
»Nein, nein. Das ist es nicht!«
»Wollen Sie etwa lieber meine Frau werden?«
»Um Gottes Willen«, lachte sie »junger Mann ich bin seit 35 Jahren verheiratet und seit 42 Jahren mit meinem Mann zusammen. Es ist nur so. Ich kenne ihre Freundin schon länger. Und so lange ist es noch nicht her, da stand sie hier im Laden und sah furchtbar krank aus, sie weinte und ich machte mir unglaubliche Sorgen um sie. Sie sah so aus, als hätte sie allen Lebensmut verloren und sich aufgegeben und teilte mir mit, dass ihr Mann sie einfach so verlassen hätte.«
»Ja, an der Geschichte ist wohl etwas dran«, musste ich eingestehen.
»Sehen sie. Und nun, da ich diese Frau mit ihnen zusammen sehe, ist sie wie verändert. Sie sieht so wunderschön aus, sie lächelt und strahlt so. Sie lebt so sehr auf. Mir scheint fast sie ist ein neuer Mensch geworden!«
Erinnerst du dich daran, was du für einen Kloß im Hals bekamst und wie du dich da gefühlt hast? Und weißt du noch, was die Frau dann sagte? Genau, sie sagte: »Ich

möchte, dass sie bei ihr bleiben und so weiter machen. Tun sie mir den Gefallen. Sie bekommen dann auch immer eine Gratisflasche Bier!«
Ist das eine schöne Erinnerung? Ganz bestimmt doch, oder? Und nun erinnere dich daran, was du aus einem Tag, der so wunderschön begann, dann anschließend gemacht hast. Bevor du dich über den Wurstsalat aufregst, den ich dir präsentiere, ärgere dich doch lieber über etwas anderes! Habe ich mich deutlich ausgedrückt?

Ich bilde mir ganz deutlich ein das Ticken der großen Stationsuhr als Hämmern im Kopf wahrzunehmen. »Tick Tack Tick Tack« Ich entscheide mich dazu mir ein paar Radieschen aus der Plastiktüte zu denken und diese aufzuessen. Die gedachte Erinnerung an heute Morgen hat mich mitgenommen. Ich erlebe einen Augenblick von solch harter Klarheit, dass ich mir Schmerz einbilde. Und wenn auch die Erinnerung nur ein Konstrukt meines Geistes war: Das war eine Meisterleistung. Ich denke mir noch ein wenig, wie ich auf einem Stuhl, in einem Flur, in einer psychiatrischen Klinik sitze, der Stationsuhr lausche und Radieschen aus einer Tüte esse. Wer so abstraktes denkt, der muss ein Künstler sein. Das ist jetzt echt Kunst. Ich höre, wie die Nachtschwester mit ihrem Kumpanen lautstark und angeheizt über die aktuelle Staffel von »Big Brother« reden. »Das gibt es also auch noch? Oder gab es das eigentlich nie?« Graf Rotz dreht still und in meditativer Haltung seine Runden. Als er merkt, dass ich ihn beobachte, kommt er erneut auf mich zu, bleibt wieder stehen, schaut mich an und ergänzt »…und ganz besonders mein Schwanz! Am schlimmsten ist mein Schwanz!« Wir schauen uns nun direkt in die Au-

gen und es ist einen Augenblick lang völlig still.
Auch meine ich die Stationsuhr nicht mehr zu hören. Wir schweigen, während wir uns über unsere Blicke fest fixiert haben. Meine rechte Hand beginnt eine Faust zu bilden. Ganz langsam und zögerlich zuerst und dann immer fester. Mit geballter Faust erhebe ich meinen Arm und führe die Faust allmählich an meine Schläfe. Ich intensiviere meinen Blick ihm gegenüber, reiße meine Augen weit auf und fange an rhythmisch auf meinem Kopf zu pochen. Im Takt des Hämmerns zische ich aus mir heraus » Du ex-is-tierst-nur-in-mei-nem-Kopf! «
Ich sehe wie er zusammenzuckt, blass im Gesicht wird auf den Fersen kehrt macht und in Windeseile in seinem Zimmer verschwunden ist. Auch wenn es nur ein Konstrukt meines Geistes ist, was gerade geschehen ist, so gestehe ich mir ein, dass das jetzt schon ein bissel gemein von mir war. Ich muss lachen. Ich muss leider laut lachen. So laut, dass die Stationsschwester kommt und mich fragt: »Ist alles in Ordnung bei ihnen? «
»Ja Schwester, alles okay bei mir. Bitte entschuldigen sie, ich hatte nur laut gedacht! «

Sehtest

Als ich an diesem Morgen erwachte, hatte sich eine dezente Veränderung in mein Leben eingeschlichen. Es war zu übertrieben, bereits in diesem Moment zu behaupten, dass nichts mehr wäre, wie es vorher einmal war. Möglicherweise erschien mir alles auch nur klarer als zuvor, jedoch wäre es weit verfrüht hierüber bereits jetzt ein Urteil zu fällen. Alles noch viel zu spekulativ. Die Wasserflasche links neben meinem Bett war leer. Wie still kann ein Wasser nur sein? Sofern ich mich recht erinnere, blickte ich an die Decke meines Schlafzimmers. Bis hierhin ist alles auch in bester Ordnung, denn dies tat ich jeden Morgen. Da war diese billige Ikea-Lampe aus Papier, ein riesengroßer Zellstoffball mit Drahtgeflecht beseelt, da waren diese äußerst günstigen Styroporleisten entlang der Übergänge zwischen Wand und Decke in diesem geschichtsträchtigen Altbau in Frankfurt. Aber da war eben auch dieser bunte Fleck auf Ein-Uhr-Position in meinem Blickfeld, der sich erfrischend neu in mein Panorama mischte.

Dieser Fleck, eigentlich ein Kunstwerk unbekannter Herkunft, hübsch anzusehen aber beängstigend, weil nicht erklärbar, zierte mein Blickfeld und ergab keinen Sinn.

So rieb ich mir denn mit den Fäusten die Augen, versuchte den Schleier der Nacht aus meinem Radius zu vertreiben, mit dem Ergebnis zunehmend feststellen zu müssen, dass sich dieser farbenfrohe Dunst nicht verwischen ließ.

Es war an der Zeit, mir selbst einen eigenen Statusbericht abzuliefern, wie denn dieser Tag verlaufen könnte. Dies pflegte ich täglich zu tun, bevor ich ein

Bein mit dem Ziele aufzustehen über die Bettkante schwang. Hierzu hatte ich eine Hand voll Parametern, die es auf aktuelle Werte zu überprüfen bedurfte:
Schwindel: OK
Magen: OK
Rücken/Bandscheibe: OK
Ort/Zeit/Situation: OK
Ziel des Aufstehens: OK
Hunger: nicht bekannt!
Durst: geht jetzt nicht!
Konzentration: getrübt! Undefinierbares Objekt auf Leinwand! Verlangt nach Aufmerksamkeit und Erklärung!
Hausschuhe: Vermutlich im Wohnzimmer, egal!

Im Durchschnitt also zu 90% alles im Lot! Ja, es gab schlechtere Tage mit mieserem Ergebnis, die mich nicht davon abgehalten hätten zur Arbeit zu gehen. So nahm ich denn dieses kaleidoskopartige Objekt oben rechts in der Ecke meines Panoramas mit unter die Dusche. Dort beharrte es vergnüglich und ließ sich auch nicht durch einen gekonnt platzierten Wasserstrahl aus dem Duschkopf wegspülen.
Ich kannte Mundwasser, Zahnseide, Nasenspüler, Wattestäbchen- oh ja, all dies benutzte ich regelmäßig, aber dass sich etwas aus dem Auge nicht wegspülen ließ, das war mir neu. Vielleicht war es der Kreislauf, der mir an diesem Morgen einen Streich spielte. Aber für gewöhnlich äußerte sich dies in einer hohen Anzahl unzähliger leuchtender weißer kleiner Kügelchen, die durch das Bild huschten, oder zumindest in einer verschwommenen Sicht, wenn nicht sogar durch das Gefühl, einzelne Stand-

bilder beim Schwenken der Augäpfel wahrzunehmen, nein, das was hier vor meine Augen trat, das war schon speziell. So entschied ich mich an diesem Morgen als notorischer Teetrinker für einen starken Kaffee. Leider ohne Ergebnis, denn sonst wäre diese Geschichte an jener Stelle zu Ende. Nein, das Pocket-Kino (Genossen aus den 80'ern vielleicht bekannt) hielt sich hartnäckig.

Später, bei der Arbeit entschied ich mich dazu, meinen Kollegen nichts von diesem Phänomen zu erzählen. Schließlich warteten die ohnehin schon immer darauf, mir etwas ans Zeug zu flicken. Ein Phänomen, wie das des undefinierten bunten Artikels, der da oben rechts im Bild erschien, wäre ihnen nur zurechtgekommen, mich des Wahnsinns zu bezichtigen und mich sorgsam des brotwerfenden Gebäudes zu vertreiben. Und so starrte ich denn auf den Monitor, mit farbenfrohem Gimmick im oberen rechten Bildwinkel und ließ den lieben Gott einen guten Mann sein. Ohnehin hätte ich mir nie in meinem Leben den Traum erlaubt, dass dieses Treiben tatsächlich einmal als Arbeit anerkannt werden würde, mit der man Überleben kann. So sollte mich diese Ungereimtheit des schillernden Artefaktes an diesem Tage nicht davon abhalten das zu tun, was zu tun ist. Nämlich nichts als durchzustehen und sich im Bedarfsfalle zugunsten des Allgemeinwohls höchstrichterlich erniedrigen zu lassen.

Jedoch mag es wohl schon zum frühen Nachmittag sein gewesen sein, gegen 15.00 Uhr etwa, als mich mein visuelles Phänomen plötzlich zu bedrücken

begann. Es kamen Fragen in mir auf, die in etwa so lauteten:
Hast Du etwa einen Augeninfarkt?
Hast Du etwa einen Schlaganfall?
Hast Du etwa eine Hirnblutung?
Hast Du womöglich einen an der Waffel?

Ich spürte eine Unruhe in mir, wohlwissend, dass ich diesen Arbeitstag noch möglichst unauffällig zu Ende bringen müsste. Zu gerne spielte ich in diesem Augenblick mit dem Gedanken, mir heute Abend zu Hause ein heißes Bad einlaufen zu lassen, danach einen 20-Minuten-gezogenen starken Baldriantee einzufahren, mit dem Ziel, den heutigen Tag zu vergessen und morgen mit einer klaren Sicht aufzuwachen. Dieses Projekt war jedoch zum Scheitern verurteilt, da ich nebst einer Duschtasse kaum über eine heimische Badewanne verfügte.

So traf ich später in heimischen Gefilden die Entscheidung zu einer Alternative. Ich trank rasch einen halben Liter trockenen Weißweins, hüllte mein Haupt in geschmeidige Tücher und ergriff mitsamt einer Wärmflasche wieder Besitz meines Nachtlagers, um dort Herr zu sein. Meine Ausblendung des farbfrohen Objektes im Blickfeld gelang mir – sofern ich es beurteilen kann – recht schnell und ich glaubte mich in einem wunderbaren Schlafzustand wiederzufinden. Erst seit kurzem hatte ich die Gabe in mir entdeckt, Träume im Traume als Traum erkennen zu dürfen und diese auf gewisse Weise leiten zu können. So war spontanes Fliegen durch die Luft, Atmen unter Wasser, wie auch das Fallen von einem Hohen Gebäude mittlerweile zu Szenarien geworden, die ich im Traume kontrollieren konnte, wenn nicht sogar (insbesondere was das Fliegen betrifft) bewusst hervorrufen konnte. In dieser Nacht kam meine Technik dies zu lenken jedoch nicht zum Einsatz, da mein Schlaf kurzerhand durch einen nervenzerschneidenden Lärm, begleitet durch klecksende Farbtupfer in meinem Traumbild unterbrochen wurde und ich mich hellwach und stocksteif gerade sitzend, kaltschweißig imprägniert in meinem Bette wiederfand. Insgesamt ganze vier Male sollte es mir in dieser Nacht wieder geschehen.

Man darf vermuten, dass ich mich am nächsten Morgen äußerst wenig ausgeruht fühlte. Zumal ich erschreckend feststellen musste, dass sich das farbenprächtige Mosaik, welches ich am Vortage entdecken durfte, nicht aus meiner visuellen Wahrnehmung befreit hatte. Um es beim Wort zu nennen: Die Kacke war immer noch da und ich wusste nicht, was ich von ihr zu halten hatte.

Ich wünschte mir Gregor Samsa zu sein und mich aus meinem Schlafe wiederzufinden als ein Insekt. Aber das hier war wohl leider etwas anderes und auch nicht so leicht als Arbeitsunfähigkeitsgrund im Hochofen der Teigveredlungsmaschinerie vorzubringen. Schließlich konnte ich nicht als Käfer auftreten um zu sagen, man hätte eine getrübte Sicht. Dies hätte als ernstgemeinter Krankmeldungsgrund keinerlei Anerkennung gefunden. Dennoch entschied ich mich dazu, meinen Hausarzt zu konsultieren und ihm von meiner Dysfunktion zu berichten.

„Sosooo! Sosooo! Sie sehen da also etwas, was nicht da ist, entgegnete mir der gute Doktor auf meine scheinbar recht ungewöhnliche Schilderung der Symptomatik. Es folgten wie zu erwarten war, die Frage nach Alkohol- und Drogenkonsum. Ja es folgten Fragen nach meinen Hobbies, nach meinem sozialen Netzwerk, bis hin zur Frage, ob ich von Mutter oder Vater eventuell schlecht behandelt worden wäre. Und, man staune, ob ich denn glücklich wäre und ob nicht ein paar Tage Auszeit vielleicht einmal angebracht wären.

Alledem konnte ich kaum beipflichten, ich negierte meinen Konsum bewußtseinserweiternder Substanzen und nahm mein Elternhaus in Schutz! Er bat mir ein Sedativum an, welches ich völlig sorglos ruhig einmal zwei Wochen einnehmen könnte. Meine Frage, ob nicht vielleicht eine Computertomographie meines Hirns indiziert sei, erstickte er im Keime mit der Begründung, dass ich als Kassenpatient ohnehin drei Monate auf einen Termin warten müsste. Wenn da also etwas in dieser Richtung unterwegs wäre, würde ich die Untersuchung ohnehin nicht mehr erleben. Nun gut, aber wenigstens ein Blutbild, ja, eine Blutuntersuchung wollte ich herauskitzeln. Aber auch diese wurde abgetan mit dem Argument, dass dies doch nicht sehr aussagekräftig bezüglich meiner Symptome wäre. Nun ja, so einigten wir uns dennoch auf eine Überweisung zu einem Neurologen, bei dem ich zehn Wochen später auch einen Termin bekam. Bis dahin schleppte ich tagtäglich meinen neuen Begleiter im Blickfeld mit mir herum. Alles dies auch nur ohne ein Zucken und Murren, ohne dass ich jemanden auch nur ansatzweise in mein kleines Geheimnis eingewiesen hätte.

Derweil wurden meine Nächte immer unerträglicher. Zunehmend verlor ich die Kontrolle über meine Träume. Oftmals kamen bei den lärmenden Unterbrechungen, die nunmehr stündlich auftraten auch sprechende Männerstimmen zutage, die mir irgendetwas mitteilen wollen. Oft glaubte ich, sie hätten eine wichtige Botschaft für mich. Doch das Signal drang immer nur sehr verzerrt und auch verstörend auf mich ein. Mehr als ein entfernt humanoides Brummen, Krächzen, Rauschen vermochte ich den Lauten nicht zu entnehmen.
Der Neurologe diagnostizierte ein unauffälliges Elektroenzephalogramm. Ruhe täte mir gut, war sein einziges Argument. So lange musste ich also auf diese Diagnose warten?
„Sie glauben bestimmt, sie hätten Krebs", teilte er mir mit, während er lachte wie Wladimir Putin. „Haben sie aber nicht!" Und wie er das sagte, erschlich mich das Gefühl, er glaubte mir damit noch einen Streich spielen zu können.

Es kam wie es kommen musste. Nur kurze Zeit später fand ich mich erneut bei meinem Hausarzt ein, um das Angebot mit dem Beruhigungsmittel anzunehmen. Es war ein Barbiturat und hatte den Wirkstoffnamen „Noctramil". Wenigstens die Nächte wollte ich zu meiner Erholung nutzen, mit dem tagsüber stets präsenten Fehler in der Optik hatte ich mich längst angefreundet. Die Wirkung des Schlafmittels sollte sich anfangs als ausgezeichnet erweisen, wenngleich ich am Morgen darauf stets einen metallischen Geschmack im Mund mit mir führte, der erst zur Mittagszeit, sagen wir gegen 14.00 Uhr nachließ. Hinzu kam, dass diese lärmenden und zutiefst erschreckenden Einwürfe, die mir die Nacht zur Hölle machten nun vermehrt auch aus heiterem Himmel am Tage auftraten und meine Arbeitsqualität drastisch senkten. Erkläre einen solchen Tick doch einmal einem Kunden am Telefon und fordere sein Verständnis ein! Von Nacht zu Nacht benötigte ich mehr Wirkstoff. Kam ich zu Beginn mit einer Schlaftablette zur Nacht aus, um mich zum nächsten Tage durchzukämpfen, so wurden es später zwei, dann drei und schlussendlich jede Stunde eine. Diesen Sachverhalt würde ich früher oder später meinem Hausarzt nicht verschweigen können und irgendwann würden ihn meine häufigen Rezepteinforderungen auch irritieren, wenn nicht sogar missmutig stimmen. Am Ende wäre eventuell sogar unser gesamtes Vertrauensverhältnis gestört.

Und so entschied ich mich zu einem Kompromiss: Wenn immer ich ein Rezept über Schlafmittel von ihm bekam und dieses in der Apotheke einlöste, so warf ich mir am selbigen Abend alle dreißig Tabletten der Packung ein. Hierdurch konnte ich eine Nacht gut schlafen, in der ich mir Erholung verschaffte, jedoch nie mehr steuerbare Träume hatte, weil es schlichtweg keine Träume mehr gab. Die restlichen neunundzwanzig Tage bis zum nächsten Rezept, verbrachte ich nachts mit alternativen Beschäftigungstherapien. Ich kaufte mir zum Beispiel wieder so einen Zauberwürfel, an dem ich die ganze Nacht herumdrehte. Ich spielte Schach gegen mich selbst und wechselte auch stets die Sitzpositi-

on am Tisch, je nachdem, wer gerade am Zuge war. Ich kaufte mir sogar eine Strickliesel und kiloweise Wolle, häkelte mir eine bunte Wollwurst zusammen, die ich später zu seinem salonfähigen runden Teppich vernähte. In gewisser Weise war ich zu neuer Kreativität auferstanden, fieberte aber stets meinem Arzttermin entgegen, bei dem ich ein neues Rezept über „Noctramil" entgegennehmen durfte. Ungeachtet dessen – und fast schon der Rede nicht mehr wert- hatte ich einen Dorn im Auge. Ja! Der war immer noch da. Diese Farbtupfer rechts oben, die wollten einfach nicht schwinden. Aber das war egal.
Ich gestehe, es war eine verrückte Zeit, aber ich hatte meinen Beat gefunden. Nichts war wirklich gut, aber ich konnte dem Takt folgen. Klar, da geschahen seltsame Dinge vor meinen Augen und auch mein Alltag war alles andere als natürlich, aber wenn der Laden nun mal so läuft? Und wenn das funktioniert?

Dann war es wieder soweit. Herrjeh, was habe ich diesem Moment entgegengefiebert. Und diesmal sagte mir mein Arzt, dass es doch Quatsch wäre jeden Monat vorbeizukommen und er gab mir ein Rezept für drei Monate. Hey, das waren neunzig Schlaftabletten. Tja, hab das mal!
Am selben Abend warf ich mir alle neunzig Stück auf einmal ein. Der metallische Geschmack kam sofort! Erst im Mund, dann im Hals, dann in der Wirbelsäule, dann überall und eh ich mich versehen konnte, war ich komplett aus Metall. Ich würde sogar sagen aus Chrom! Ich war ein Roboter. Und ich saß da und blickte ins Nichts, weil es gar nichts

anderes zu tun gab. Es mag sein, dass dieser Zustand fünf Minuten andauerte, es mögen aber auch fünf Jahre gewesen sein. Da war nichts! Absolut nichts! Außer diesem bunten Ding da oben rechts! Aber das ist ja bekannt. Und als Roboter ganz normal. Könnte das nicht einfach so bleiben?
Natürlich nicht, sonst wäre die Geschichte ja hier zu Ende! Also musste ich ja mit diesem Ding in dem Auge mal wieder irgendwann aufwachen. Und wenn auf etwas Verlass ist, dann auf dieses bunte Ding! Und Aufwachen in diesem Sinne gab es eh nicht mehr. Aber in Zeiten des Bewusstseins – vielmehr dessen, was ich als Bewusstsein bezeichnete- wollte ich dennoch etwas ausprobieren. Ich ging zu einem Optiker, um mich einem Sehtest zu unterziehen. Ja, man kennt das doch. Da muss man halt die Buchstaben und Zahlen erkennen und gegebenenfalls diese Lücke im Ring, also links, rechts, oben oder unten und die Ringe werden halt immer kleiner. Ich war mir das schuldig, denn es ist ja schließlich eine Dienstleitung, die man immer in Anspruch nehmen kann und die nichts kostet. Nun ja, so ging ich dann in Frankfurt die Leipziger-Straße hinauf und fand mich alsbald bei einem Optiker ein.
Als dieser mit mir fertig war, holte er einen Satz passender Gläser, die mir maßgeschneidert wären, aber zu denen ich noch keine passende Brille hatte.

„Schauen sie doch mal dort hinaus", sagte er und zeigte auf eine rot-weiße Markise von einem Bäcker gegenüber. Ich sah dorthin und konnte nichts Besonderes feststellen. Dann hielt er mir seine Gläser vor die Augen, die für mich und meine Brille vorgesehen waren und fragte lächelnd:

„Und was sehen sie nun?"
Vor meinen Augen zeichnete sich ein deutliches Bild ab, so klar, dass ich verwirrt war. Und ich musste die Wahrheit sagen, so Leid es mir tat und so sehr es mich überraschte. Ich musste diesem Mann sagen:
„Da oben rechts steht ‚RTL' und es sieht zum ersten Mal ganz klar aus"
„Und", fragte er mich, „Wurdest Du in letzter Zeit unliebsam aus dem Schlaf geweckt und hat sich das bis in Deinen Alltag hineingezogen?"
„Ja!" musste ich antworten!
„Nun", sagte er, „das sind die Werbeunterbrechungen!"

„Großartig!", sagte ich und bedankte mich für die Aufklärung. Ich erwachte am kommenden Tage ohne Begleiterscheinungen halluzinogener Art. Nichts verklärte meine Sicht bei der Gewissheit, dass dies alles hier nur *gemachtes Programm* ist. Ich könnte mich von nun an entspannt durch das Leben „zappen".
Auch mein Weg zur Arbeit fühlte sich auf sonderbare Weise befreit an.
Am Eingang ließ man mich jedoch nicht hinein! Der Pförtner telefonierte daraufhin mit dem Management und ließ mir ausrichten, dass ich bereits vor zwei Monaten entlassen worden wäre!

Quantenmillionär

Es muss im Jahre 2005 gewesen sein, als ich die Quantenphysik für mich entdeckte. Das Studium ihrer Bücher vermochte es sogar, mich sechs Wochen lang vom Tabakkonsum abzulenken. Es war eine Möglichkeit. Eine von unendlich vielen zu unendlich vielen Zielen. Besonders die Gesetze der Quantenmechanik beschäftigten mich. Allen voraus natürlich die Heisenberg'sche Unschärferelation und das sogenannte Doppelspaltexperiment. Mein Durst nach Wissen in dieser Richtung veranlasste mich innerhalb kürzester Zeit einen beachtlichen Stapel Bücher zu verschlingen, die mir das Wesen dieser wissenschaftlichen Betrachtungsweise näher zu bringen wagten. In dem Augenblicke, da ich Schrödingers' Katze begegnete, knüpfte ich meine ersten Verbindungen der Quantenphysik zur Philosophie und begriff, dass nur eine vom Querdenken geprägte Sichtweise frischen Wind in die Physik bringt, um uns von den doch recht ernüchternden – wenn auch wertvollen – Erkenntnissen der Newton'schen Physik zu befreien und den Horizont zu erweitern. Für mich stand fest: Wenn eine These erst einmal erstellt ist, so hat sie solange Gültigkeit, bis das Gegenteil bewiesen wurde. Der Apfel fällt vom Baum auf den Boden. So soll es sein. Gleichzeitig fällt er auch nach „unten". Dies tut er solange, wie wir vor dem Apfelbaum keinen Handstand machen. Sobald wir uns in eine andere Position begeben, fallen die Äpfel nicht mehr nach unten, sondern nach oben. Wundervoll. Aber in dem Moment, da wir beobachten, wie die Äpfel sich vom Baume trennen, verfälschen wir schließlich schon das Ergebnis. Gemäß Heisenberg bringt allein das Beobachten der Erscheinung eine Verfälschung des

Ergebnisses mit sich. Der Apfel hat also die Möglichkeit, bei seiner Loslösung vom Baume wahlweise nach oben oder unten zu fallen. Vielleicht ist sein Fall auch durch eine bizarre Wanderung, die stets zwischen oben, unten, links, rechts und weiteren unbekannten Raumrichtungen wechselt, gekennzeichnet. Möglicherweise durchfährt jeder Apfel in seinem Fall eine spektakuläre Route, bei der er eine unzählige Menge an Abenteuern „erlebt" und dadurch durch seine eigene Fallmessung (sofern wir dem Apfel ein Bewusstsein unterstellen), sein Erlebnis im Fall verfälscht. Achtung, Wurmloch lauert an jeder Ecke! Und so wie ich auf der Wiese liege, den Apfelbaum betrachte und seine fallende Frucht wahrnehme, aale ich mich gerne in meinen Mustern und lasse den Apfel gescheit zu Boden fallen, ohne dabei zu Kenntnis zu nehmen, was er tatsächlich gemacht hat, weil ich ihn beobachtete. Unser Verstand ist geneigt, alle wahrgenommenen Phänomene Mustern zuzuordnen, die bekannt sind. Zudem sind wir allgemein faul geworden. Wir suchen bei Google-Maps stets die kürzeste Route. Kaum einer sucht die interessanteste Route oder gar die möglichste Strecke. In dieser Hinsicht sind wir ganz schön arm. Ich möchte den Apfel nun Apfel sein lassen und wünsche ihm auf seinem Weg zu Boden zu fallen nur das Allerbeste und transferiere die Beobachtungen zur Frucht „der Erkenntnis" in meinen täglichen Lebensablauf.
Einmal in der Woche betätige ich den quantenmechanischen Hebel des einarmigen Banditen der Lotterie und fülle einen Lottoschein aus. Die Chancen, hierbei den Jackpot zu knacken, betragen 1: 6.000.000. Diese Wahrscheinlichkeit gilt jedoch nur

unter konventioneller Betrachtungsweise. Ziehen wir die Gesetze der Quantenphysik hinzu, so gelten plötzlich ganz andere Bedingungen und wir müssen die Chancen umkehren auf 6.000.000 : 6.000.000. Im Grunde aller mathematischen Regeln, darf man an dieser Stelle auch ruhig einmal den Stift zum Kürzen benutzen und die gesamte Wahrscheinlichkeit auf 1:1 runterrocken. Dies bedeutet, wir sind auf jeden Fall Jacky Potter und haben uns das auch verdient. Eine einzige Regel gäbe es hierbei jedoch zu beachten: Wir dürfen der Ziehung der Lottozahlen im Fernsehen nicht zuschauen, weil wir genau dann das Ergebnis beeinflussen und unsere Siegeschancen auf 1:6.000.000 zurückschrauben. Schrödingers' Katze befand sich im Zwischenstatus zwischen lebendig und tot, weil wir ihren Zustand nicht kannten. Und solange wir nicht in Schrödinger's Box gucken, um den Zustand zu überprüfen und hiermit das Ergebnis zu verfälschen, weil wir in diesem Augenblicke „messen" würden, sollten wir uns auf unser Schicksal besinnen und die Gegebenheit im besten Sinne aller Möglichkeiten wahrnehmen und für uns behalten.

Was bedeutet dies im Klartext: Das ist ganz einfach – Ich werde jede Woche für eine Nacht Millionär! Ja, von Samstag auf Sonntag werde ich Millionär. Dies bleibe ich auch für gewöhnlich bis am Folgetag, wenn ich mir dann die Lottozahlen online ansehe und feststelle, dass mal wieder ganz andere Zahlen gezogen wurden. Aber nun gut; dadurch, dass ich mir die Lottozahlen am nächsten Tag ansah, habe ich durch Beobachtung auch schon wieder das Ergebnis verfälscht. Vermutlich wär ich Millionär geblieben, hätte ich meine Kontrolle einfach unterlassen. Aber die Neugier dahingehend, welche meiner mannigfaltigen Möglichkeiten sich einmal wieder durchgesetzt hat, macht mir da einen Strich durch die Rechnung.

Was am Ende bleibt, ist die Tatsache, dass ich mich in der vergangenen Nacht als Millionär gefeiert habe und auch ansatzweise getreu dem Motto „Was kostet das Leben?" gelebt habe. Manchmal kann man bei solchen Gedanken richtig gut schlafen und auch alles vergessen. Probiere es aus: Dein Herz wird es Dir danken und Dich mit zusätzlicher Lebenszeit belohnen, die sich mit Geld niemals kaufen ließe.

Nun wird es etwas ernster, jedoch auch nur dann, wenn sich der Kontext völlig erschließt. Mit der Geschichte „Wochenende" gehen wir zeitlich zwar wieder ziemlich auf die Anfänge zurück, dies ist aber nicht von Belangen. Mir war es wichtig kurz zu skizzieren, dass ich mich durchaus an bodenständigen Themen versucht habe, musste hierbei aber dennoch feststellen, dass es nicht unbedingt mein Metier ist.

Wochenende

An diesem Freitag sah Mark sich veranlasst, sein Leben zu beenden. Nicht etwa, dass reifliche Überlegungen zu diesem Entschluss geführt hätten, vielmehr war es eine Überzeugung, die aus dem Bauch kam. Und wenn es etwas gab, auf das Mark sich stets verlassen konnte, so war es seine Intuition. Aus diesem Grunde sollte es auch kein theatralisches Szenario geben, etwa in dem Sinne, dass Mark plötzlich und völlig unerwartet an einem Hanfseil an der Decke hinge, mit einem Abschiedsbrief an die Brust geheftet, innerhalb dessen er sich mit völlig unbedeutenden Worten seiner Nachwelt veräußern würde, die ohnehin nur als Marks persönlicher Egoismus interpretiert werden würden; nein Mark hatte eigentlich nur im Sinne, seinen irgendwann drohenden natürlichen Tod auf möglichst unspektakuläre Weise terminlich etwas zeitnaher umzusetzen. Und Mark war sich sicher, dass ihm dies aus reiner Überzeugung, schließlich glaubte er an sein Ableben, gelingen würde. Eigentlich war es endlich eine Möglichkeit, sein Lebensmotto „Geist geht über Materie" in die Tat umzusetzen. Schließlich, und davon hatte Mark gelesen, spüre ein Mensch, wann seine Zeit gekommen wäre, Abschied zu nehmen und da Mark dieses Gefühl ohnehin sein Leben lang in sich trug, bedürfe es nun ausschließlich der ausreichenden Konzentration, um das Licht endgültig auszuschalten. Mit diesen Gedanken saß Mark im Auto und fuhr, weil heute Freitag ist wie jeden Freitag bereits um 15.00 Uhr von der Arbeit nach Hause. Es ist Januar und der Himmel ist voller dickschichtiger schwarzgrauer tief hängender Wolken, die getrieben durch einen örtlich orkanartigen Westwind im wesentlichen

Lebendigkeit in den Himmel zeichnen, gejagt durch einen bevorstehenden Frühling, der im Kampf um seine Existenz lediglich noch bis Ende April hadern müsste. Das alles interessiert Mark in diesem Moment jedoch nicht, wenngleich er sein Ziel, den ewigen Lidschluss seiner grün-braunen Augen zu bewirken viel besser in die Tat umsetzen könnte, wenn er sich die Gesellschaft einer der am Straßenrand angesiedelten Birken zu Nutze machen würde. Dazu bedürfte es nur eines kleinen und ungeschickten Navigationsmanövers, bei dessen Umsetzung ihm sein Lenkrad und die ungewuchteten Reifen in Kombination mit defekten Stoßdämpfern nur zur Hilfe kämen. Aber, und so lautete Marks Grundsatz, dies wäre viel zu spektakulär und Aufsehens erregend, schließlich käme der Notarzt viel zu spät, um das Gelee des zerquetschten Körpers aus einem Blechknäuel in ein Plastiktüte abzufiltrieren, damit dieser vollen Stolzes später im Hospital behaupten könnte „Wir haben seinen Leichnam! Mehr konnte ich nicht tun!" Darüber hinaus wäre diese Methode natürlich auch viel kostenintensiver und man darf nicht vergessen, diese Methode wäre ebenfalls sehr egoistisch! In diesem Falle käme die Nachwelt und würde Mark unterstellen, dass dieses Verhalten ja so typisch für ihn wäre, schließlich wäre er ja immer schon der Typ Mensch gewesen, der sich jeder Verantwortung entzogen habe. Und jetzt würde er das auch noch auf diese Art und Weise machen, ohne sich dabei in jedweder Form zu schämen, dass der Notarzt an anderer Stelle viel wichtiger zum Einsatz hätte kommen können, galt es doch bei möglichen Alternativeinsätzen lebenswillige Menschen zu retten und nicht die kostspielige Diagnose des eingetretenen Todes lebensunwilliger Leibesfrüchte festzustellen. Nein Mark fuhr konzentriert wie nie und hatte nur zum Ziele heil zu Hause anzukommen, um sich dort in Ruhe seinem gepflegten Ableben zu widmen. Die Zigarette, die er nun in seinem Mund hielt und das inhalieren des eigentlich beißenden Rauches, dem er zig-fach versucht hatte zu entsagen, begrüßte Mark nun als seinen Kumpanen, seinen kleinen Helfer. Ja, für einen kurzen Moment befasste sich Mark sogar mit dem Gedanken, rechts am Wegesrand anzuhalten, um sich dort an einem Zigarettenautomaten weitere kleine Helfer zu beschaffen. Dies tat Mark jedoch nicht, weil ihm zum einen der Geschmack von Zigaretten, trotz seiner Nikotinsucht nicht sonderlich zusagte und er zum anderen in Kenntnis gesetzt war davon, dass ihn zu Hause noch ein Kontingent an Wodkaflaschen erwarten würde, welches ebenso gute Dienste leisten könnte. In diesem Zusammenhang trafen Mark die ersten möglichen Konflikte, die ihn von seinem eigentlichen Vorhaben abhalten könnten! Er war sich natürlich bewusst, dass seine Frau etwas später von der Arbeit heim käme, weil das am Freitag immer so der Fall war. Ja, was blieb Mark denn übrig? Er würde sich im Schlafzimmer ins Bett legen und darauf warten, dass sein Ableben nun endlich käme. Aber Mark hatte Bedenken, dass er dies vor der Heimkehr seiner Frau schaffen würde. Diese käme dann und würde ihn fragen, ob er müde sei. Klar könnte Mark ihr entgegnen „ Lass mich schlafen", wobei er diesen Satz natürlich als stilistisches Mittel einsetzen würde, ohne seiner Frau dabei die Qualität der übermittelten Worte zu übersetzen. Wie dem auch sei, Mark war sich sicher, dass er das Wochenende für sich und zu seinem Zwecke verwenden könnte. Vielleicht, so dachte Mark, wäre es ohnehin klug, eine Krankheit vorzutäuschen und als leidendes Etwas im Daunenkleid zu versinken. Dies hätte jedoch auch Nachteile. Denn Mark wusste, wenn seine Frau auch nur im Ansatz spüren würde, dass er einen grippalen Infekt entwickeln würde, dann würde sie ihm mit Thymiantee, Fenchelhonig und Weidenrindentabletten, sowie Erkältungsbalsam zum Einreiben auf Brust und Rücken und natürlich der allseits beliebten Wärmeflasche rasch zur Hilfe eilen und ihm beim Sterben nur sehr nutzlos sein. Mark wusste gleich, dass er seine Strategie auf irgendeine Weise raffinieren musste. Einen Herzinfarkt vorzutäuschen würde auch nicht zum Ziele führen, da in diesem Falle rasch wieder der unnötige Notarzt vor Ort wäre, um den Patienten zum Infarktausschluss mit in stationäre Behandlung zu nehmen. Spätestens an dieser Stelle würde er dann mit seinem Entlassungsschein als Organneurotiker bei jedem weiteren möglichen Hausarzt als unglaubwürdig erscheinen. Das wäre ziemlich unpassend, weil Mark dann mit einem blumenkohlgroßen Lungenkarzinom den bedauerlichen Tod des Organneurotikers sterben würde, was aus Marks Sicht nicht unbedingt seiner Idealvorstellung des Ablebens entsprechen würde. Jetzt wurde es auch langsam knapp, zumal es nur noch 2 Kilometer bis zu Hause waren. Mark wusste, dass es nun bald um ihn geschehen sein würde. Der letzte zu überwindende Kreisverkehr, den er gewöhnlich auf 9 Uhr Abfahrtsmöglichkeit zu nehmen pflegte war bereits im Blickfeld. Traditionell, so exakt war Marks Timing, verlauteten an dieser Stelle die Nachrichten aus seinem Radio. Mark nahm diesen Moment sehr bewusst war, schließlich waren es die letzten Nachrichten, die er jemals hören würde, und was man beim Ableben stets berücksichtigen sollte, ist in Kenntnis des neuesten Standes der Weltpolitik zu sein, um im Jenseits nicht als einer von „gestern" zu erscheinen. So lauschte er in diesem Moment sehr aufmerksam der Berichterstattung des Nachrichtensprechers, der seinerseits wieder einmal explizit auf Arbeitslosenzahlen, der Nachkriegsberichterstattung und der bevorstehenden Präsidentschaftskandidatur in den USA einging. Mark war in diesem Moment sehr erleichtert. Dachte er an die eben genannten Arbeitslosenzahlen, so wusste er, dass durch sein Ableben ein Arbeitsplatz neu zu besetzen wäre und er genoss den sozial ehrwürdigen Charakter seines geplanten Unterfangens. Der kommende Präsident der vereinigten Staaten von Amerika interessierte ihn jedoch weniger, da erwas seine Erwartungshaltung an die Menschheit betrifft - von je her ein bescheidener Artgenosse war. Viel interessanter war da schon der Wetterbericht, der Mark zumindest eine Vermutung wagen ließ, ob sein letzter Anblick der graue Himmel des Jetzt wäre, oder ob es da zumindest eine geringfügige Hoffnung gäbe, im Antlitz der Sonne dahinzuscheiden. Leider sollte ihm letzteres nicht gewährt sein. Schon quälten Mark die Gedanken, ob er nicht ein letztes Mal ein Solarium konsultieren sollte, um sich seiner Stimmungsschwankungen zu dieser Jahreszeit zu entledigen und würde er zuvor noch zwei Kapseln Vitamin D zu sich nehmen, so könnte die biochemische Reaktion in seinem Körper dadurch zu einem definitiv antidepressiven Abgang führen.

Sowie Mark seinen Plan, ein Sonnenbad zu nehmen positiv bestätigte, wurden bereits die Lokalnachrichten im Radio verkündet, die unter anderem von der Zerschlagung eines Drogenringes in der Region, sowie einem Wohnungsbrand berichteten, bei dem ein Mensch zum Opfer kam. Dies alles berührte Mark jedoch nur sekundär, da die ländliche Gegend seiner Heimat im Wesentlichen nur sehr unspektakuläre Vorfälle vorweisen konnte und Drogenringe gibt es nun Mal in jedem Ort und wenn jemand nicht mit dem Feuer umgehen könne, so ist dies nun mal persönliches Schicksal, ebenso, wie es persönliches Schicksal ist, was Mark am Wochenende geplant hatte.

Unter der Sonnenbank genoss Mark die wohlige Wärme, die er nun zum letzten Male wahrnehmen würde. Die Hintergrundmusik war wie immer dieselbe und wenngleich es sich hierbei um Meditationsmusik handelte, löste diese bei Mark lediglich die Ausschüttung gewaltiger Mengen von Stresshormonen aus, da ein monotones „Tingeltangel" auf ihn eine ähnliche Wirkung ausübte, wie die allseits bekannte Foltermethode des Mittelalters, in dem ein steter Wassertropfen auf eine kahl rasierte Stelle des Hinterkopfes im fortschreitenden Prozess wie ein Hammerschlag auf die gleiche Körperregion empfunden wird und zu unausstehlichen Qualen führt. Mark lies diese Tortur jedoch wie ein wahrer Meister über sich ergehen und genoss nahezu dieses Gefühl letztmalig erlebter irdischer Schmerzen. Eigentlich empfand Mark jede Wiederholung von Ereignissen - ebenso wie das Ausbleiben zyklischer Prozesse - als nervenzerreibend, was als Schluss nur zulässt, das Mark nicht weniger als Alles das Leben zur Hölle machte. Wehe dem, der nicht spätestens jetzt mit Mark in Mitleid fallen würde und kein Verständnis für seinen Freitod aufbringen würde. Mit einem sonoren kurzen perkussiven Klang beendete die Sonnenbank nach Ablauf von 20 Minuten ihre Bestrahlungstherapie und schaltete das Licht aus. Aber Mark hatte noch einen letzten Wunsch: Letztmalig wollte er ein kühles gezapftes Bier die Kehle hinunterlaufen lassen, wozu er sich in eine Gaststätte begab, die mittelmäßig besucht war, aber dennoch erstaunlich gefüllt von kopfschüttelnden Gesichtern für diese Tageszeit. Wie kaum anders zu erwarten war Marks Kaltgetränk von sehr erfrischendem und wohlschmeckendem Charakter, und so tief in sich versunken, diesen Geschmack letztmalig zu erleben, nahm Mark keine Notiz von den Gesprächen der anderen Besucher, die ihm eine Menge hätten berichten können von den Tagesereignissen dieser Stadt. Auf der Straße fand ein lebhafter Verkehr statt, dies konnte Mark aus dem Fenster beobachten. Trotz eines wenngleich auch geringfügigen Blutalkoholpegels, setzte sich Mark nun ins Auto, um zur finalen Heimreise anzusetzen. Es war außergewöhnlich viel Verkehr auf der Straße und ebenso war der Menschentumult, der sich in Trauben zu jeweils bis zu 10 diskutierenden Menschen darbot, nicht gewöhnlich. Die Straßensperrung vor der Einfahrt zu seinem Haus nahm Mark ebenso wenig bewusst war, wie die abfahrenden Feuerwehrautos, da sich scheinbar alles hinter einem Schleier der Unkenntnis über sich selbst, seinen Willen und seiner Dummheit bewegte. Dass seine Frau heute früher nach Hause gekommen war, weil sie sich krank fühlte, konnte

Mark nicht wissen. Der Kriminalbeamte hielt Mark an, um sich zu erkundigen, ob er in diesem Haus wohne. Mark blieb nur, die Wahrheit zu sagen und bestätigte die Anfrage des Kommissars, bevor er im Wendehammer kehrt nahm um die Gesellschaft mit der nächsten am Straßenrand angesiedelten Birke zu suchen, denn Mark wollte nie mehr die Nachrichten hören.

Exitus

Oh ja, sie hatten sich einen massiven Tempel errichtet. Monumental und für die Ewigkeit. Das Wappen des Syndikats lauerte an allen Ecken, wo auch immer möglich. Teils in Stein gemeißelt, aber auch in Silber gegossen und als große Statue exponiert. Manchmal auch als filigrane künstlerische Malerei, die in Detailverliebtheit ihresgleichen suchte. Inmitten des Tempels, man möge behaupten auf seinem Altar, schlug ein nimmermüdes Herz, dessen Pulsfrequenz stets den Ton angab, dessen Vibration sich durch alle Gemäuer schlug, allgegenwärtig. Ausreichend Bass im Bauch vertreibt den Hunger. Allmorgendlich warfen unzählige Menschen, die den Tempel betraten ihre Seele in den Schredder am Portal. Dieses Ritual kam einer Einlösung eines Eintrittstickets gleich auf dessen Erwerb man stolz zu sein pflegte. Potente und fortpflanzungswillige Herren waren dazu verpflichtet, sich täglich vor Betreten des Gebäudes eine silberne Kugel in den Sack zu schießen. Die Damen hingegen betraten das Nähzimmer, welches stets von zarten dienstleistenden Mädchen mit ebenso zarten Händen besetzt war, um sich die Vulva mit edlem Zwirn zunähen zu lassen. Der Wirkung der verschossenen Silberkugeln und der Nachhaltigkeit des verwendeten Garns schenkte ihre Obrigkeit jedoch kein Vertrauen, wodurch es höchst richterlich angeordnet war, dies täglich zu wiederholen. Man darf das nicht wirklich kritisieren, schließlich trug jeder, der diesen Tempel allmorgendlich betrat und dem Einlass gewährt wurde, am Abend einen Laib Brot heim, der zwar weitestgehend befreit von Ballaststoffen dem Körper bei der Verdauung keinerlei Aufwand bescherte, aber immerhin geschmeidig auf der Zunge lag beim Verzehr und dem Gaumen das Gefühl vermittelte, man koste vom sanften Leben.

In seiner Gesamtheit muss man anmerken, dass das Syndikat mitsamt seiner Obrigkeit es stets gut mit seinen Besuchern meinte. Niemand, der je den Tempel betreten hatte und dem gnädig Einlass gewährt wurde, hätte sich über einen fehlenden Sitzplatz beschweren können. Zudem wurden fließendes Wasser, Örtlichkeiten zur Defäkation aus edelstem Marmor, sowie eine güldene Urinale zur Verfügung gestellt. Dass man darüber hinaus tagsüber in einem Domizil des edelsten Viertels der Stadt residierte, war jedem Besucher des Tempels tagtäglich Anlass genug, Dankbarkeit zum Ausdruck zu bringen. Oftmals ließen sich die Besucher nach dem offiziellen Ende der Betriebszeit gar nicht aus dem Tempel in ihre heimischen vier Wände zurücklocken. Ihre Obrigkeit erkannte dies an und stellte fest, dass es eine Möglichkeit geben müsste, die treuen Besucher auch nach Beendigung ihres Pflichtbesuches nachhaltig zu binden und die Möglichkeit eines Asyls zu bieten. Das Syndikat zog sich somit zur Beratung zurück und traf eine Entscheidung, die zugunsten aller Beteiligten und unter Möglichkeit der Ausschöpfung höchster Lebensqualität für alle getroffen wurde. Für nichts, aber auch gar nichts, wollte man sich zu schade sein. Und so erging am Ende höchstrichterlich folgender verpflichtender Entschluss an alle:

„Sehr geehrte Damen, verehrte Herren,
die sie täglich unser Hoheitsgebiet betreten,

das Syndikat mitsamt seiner Obrigkeit kam übereinstimmend zu dem Entschluss, dass es zeitnah eine Lösung geben muss, Sie für Ihre Eifrigkeit des Besuches unserer Lokalität zu den bereits vorhandenen Entlohnungssystemen in Ihrer Tatkraft zu bestärken.
Aus diesem Grunde ergeht folgender Erlass:
Sie werden sich – jeglicher Eingangskontrollen und -Rituale befreit – zu einem genannten Zeitpunkt an einem noch zu nennenden Ort befinden, um dort gemeinsam den Erfolg Ihres täglichen Engagements zugunsten unseres Syndikats angemessen zu zelebrieren.
Für das leibliche Wohl ist in jeder Hinsicht gesorgt.
Gerne dürfen Sie es wagen, an der Veranstaltung nicht teilzunehmen. Bitte teilen Sie uns dies innerhalb der kommenden 14 Tage mit.
Ihre Entscheidung zu Ungunsten einer Teilnahme an unserer Veranstaltung führt automatisch zu einem von unserem System generierten Termin zu einem persönlichen Gespräch.
Bitte haben Sie deshalb Verständnis dafür, dass wir individuelle Terminwünsche nicht entgegennehmen können und wir bedanken uns im Vorfeld bereits ganz herzlich für Ihre freiwillige Teilnahme am „Tempelfest".
Es gibt übrigens ein Motto an diesem Abend und wir bitten Sie, sich entsprechend zu kleiden. Kostüm ist Pflicht! Das Motto lautet „Freudenhausrock".
Es grüßt Sie herzlichst,
Ihr
Marko Latur
Premium- Syndikatsmanager

Assistenz Ihrer Obrigkeit"

Am Tage des Festes stimmte zunächst einfach alles: Der Ort (die Location), das Essen (das Catering), die Musik (der DJ/der Beat/der Groove), die Stimmung (Mood) und die Vibrations (hiermit sind Schwingungen unter den Gästen gemeint). Man gatherte zunächst smart in der Lounge, wobei bereits hier das nötige Übel seinen Lauf nahm. Die Damen hatten sich in ihre beste Garderobe gehüllt und bestachen mit ihrer Toilette. Die Herren kamen geradewegs vom Kleidermacher, glänzten durch maßgeschneiderten Aufzug und auch die aufschäumende Freude des zuvor besuchten Barbiers war ihnen in ihren Gesichtern deutlich anzusehen. Es duftete allenthalben nach edlen Gehölzen, orientalischen Gewürzen, paradiesischen Blüten und markanten Baumharzen. In den gläsernen Regalen offenbarte die Bar die hochprozentigen und feinen Mazerate tropischer Früchte, die Destillate kostbarster Kräuter und langjährig unendlich höflich betreuter Malz- und Gerstenauszüge auf weingeistiger Ebene. Gepflegte Biere und Gebräue flossen durch kristallklar gekühlte Kupferrohre aus dem traditionsschwangeren backsteinverklinkerten Kühlhaus im Keller - in dem bereits religiös verfolgte Minderheiten 70 Jahre zuvor um ihr Leben bangten - in die mit eigenem Brunnenwasser gespülten mundgeblasenen Glaskelche nobelster Manufaktur. Und kommen wir erst auf das Buffet zu sprechen, so verschlägt es uns den Atem. Vom Süppchen „mit Odem der heiligen Maria" (eine Weinschaumsuppe, deren Beeren beim Wachsen Austern gezeigt wurden und die mit Beethovens „Unvollendeter" beschallt wurden, während sie von der klaren und sauberen Luft der Rhein-Aue umgarnt wurden, mit Rosenblättern aus Sultans Garten zart bedampft), über den celloartig-gestrichenen Fenchelschaum an Garnelenlack-Würfeln bis hin zum dreifach gestreichelten und doppelt Penaten-gepuderten Koberind (saftiger roher Fleischkern) in einer banalen Whisky-Cherry-Sauce, einem Samtpfläumchen im Krokantmantel mit Pfiff (ja, es wurde auch waghalsig), war wirklich alles menschenerdenkliche vorhanden. Wahrlich, der liebe Gott war hier Event-Manager! Zu dieser Zeit, als das Buffet noch nicht eröffnet war, spielte der Discjockey eine leichte, nicht allzu verzwirbelte, aber dennoch intellektuell anmutende Jazz-Musik. Die Feinsten aller Feinsten der Anwesenden tranken zu diesem Zeitpunkt noch ein kleines Fläschchen „Perrier", jedoch ohne Zitrone und raumtemperiert. Der„ Maitre du Restaurant", bekleidet durch einen eleganten Cut, schlängelte sich derweil elegant mit einem Silbertablett durch die Anwesenheit und bot Wachteleier mit Fleur de Sel als Amuse gueule zum Besten. „Ein Signal der Leidenschaft aus der Cuisine", pflegte er damit zu garantieren. Ach, es wurde wenig, wenn bis dato nichts, über die Örtlichkeit berichtet. Es darf angenommen werden, dass hiesige Stätte Zeugnis geschichtlicher Begebenheiten lieferte, so trank denn auch Goethe seinerzeit hier, wie er stets pflegte, Wein zum halben Teil mit Wasser veredelt. Die Freude unter den anwesenden Gästen ob heutiger Veranstaltung wuchs exponentiell mit jedem Gaste, der die Feierlichkeit betrat und mit „summa cum laude" in der Gesellschaft begrüßt wurde, durch die ein Raunen der Verzückung sich druckwellenartig ausbreitete, welches in einem sonoren Wohlklang seine Vollendung fand.

„Hic oppido, hic salta", verkündete ihre Obrigkeit zu Beginn ihrer Begrüßungsrede, wenngleich der Begriff „Rede" nur sehr unwürdig das wiederzugeben vermag, was man ebenso „Ode an die Freude" hätte titulieren müssen. Und wie der Ehrengast des heutigen Abends den Raume betrat, der schlichtweg jedwede anwesende Person hätte sein können, überkam ihrer Obrigkeit eine solche Freude, dass sie ihm derart enthusiastisch um den Halse fiel, dass diese aus dem Gleichgewicht kam, rücklings zu Fall kam und sich mit einem ungeschickten Aufschlag an einer Empore das Genick brach, um daraufhin mit kreidebleichem Antlitz, gefolgt von mildem nervösen Zucken und starrem Blick in die Unendlichkeit für immer abzuleben. Reglos und tot, unerwartet befreit, wortkarg und undankbar lag der Leichnam zu Boden und auch das Licht der Kerzen, welches von klammen Salpeterwänden auf sein Haupt reflektierte, vermochte ihm keine rechte Freude mehr ins Gesicht zu zeichnen.

Einen Augenblick lang, es mag der Bruchteil einer Sekunde gewesen sein, gefühlt dürften Jahre vergangen sein, in Wahrheit handelte es ich um eine wirkliche Schweigeminute, ward es still in der feierlichen Gesellschaft und niemand der scheinbar berührten Anwesenden wagte ein Wort zu sprechen. Auch der Diskjockey ließ sein Lied unbemerkt ausklingen, indem er von Geisterhand bewegt, den Lautstärkeregler seines Mischpultes auf den unteren Anschlag herunterzog. Lediglich zu hören in diesem Augenblick waren die perlenden Schaumblasen im Champagnerkelch ihrer Obrigkeit, die

diesen auf dreiviertel Körperhöhe hinterrücks hochhielt und die wie kleine Engelsglöckchen beim Zerplatzen an der Oberfläche des edlen Gesöffs den Raum durchdrangen. Insgesamt empfand man die Situation wohl als etwas unangenehm, wenn man dem Bilde, welches sich darbot Glauben schenken durfte. Von ihrer Assistenz wurde ihrer Obrigkeit nun ein Zettel gereicht, dem die Worte zur Verkündung für solch einen unplanmäßigen Vorfall zu entnehmen waren. Ihre Obrigkeit nahm das Dokument ans sich, studierte es sorgfältig, hielt einen Augenblick inne, bevor sie lauthals aus dem Halse schrie: „Heute wird gefeiert!"
Instantan setzte tosender Applaus ein, der Diskjockey wusste geschickt mit „…und dann die Hände zum Himmel" wieder professionell an vorheriger Stimmung anzuknüpfen und auch dem Barkeeper gelang es mit ein paar geschickten Korkenknallern das Stimmungsbarometer wieder in den roten Bereich schlagen zu lassen. Ein paar Auszubildende verfrachteten die Leibesfrucht des abgelebten Spielverderbers in das Kühlhaus der Gaststätte, wo man ihm mit einem daumenbreiten Stapel Zellstoffservietten abgedeckt, bis zum nächsten Morgen Unterkunft gewährte, bevor die Pietät mit der man eine Kooperation pflegte, diesen professionell beiseite schaffte.
Doch bis dahin soll es noch eine lange Nacht gewesen sein, in der man feuchtfröhlich Kontakte pflegte, tanzte, trank und aß, den lieben Gott einen guten Mann sein ließ und einfach einmal für ein paar Stunden den tristen Alltag vergessen zu lassen wusste. Denn dies war wichtig um die Gemeinschaft zu stärken und die Moral aufrecht zu erhal-

ten. „Einer für alle und alle für einen", dessen war man sich bewusst, ist das Leitbild der gepflegten Kultur. Und manchmal muss es eben einer für alle sein, der das Zepter hochhält und die Tradition hochleben lässt, denn irgendwann waren alle nur Menschen, die für eine Sache Alles gegeben haben. „Atemlos durch die Nacht", spielt der Diskjockey, während wir uns langsam aus der Geschichte zurückziehen, heimgehen, an zugemauerten Pufftüren vorbeischlendern, uns vorstellen einen Tag erlebt zu haben, an dem nichts geschah, irgendwo ein kleiner Peter verspricht, dass morgen alles besser werden würde und wir aus dem künstlichen Koma erwachen, in das uns ein wirklich guter Hirnchirurg versetzt hat, um uns einen Stachel aus dem Gehirn zu entfernen.

*B*äm! („Bäm" ist ein tolles Wort und modisch ist es zudem!) Da bist Du schon fast am Ende dieses kleinen Büchleins. Mag sein, dass Du Dich fragst, was das alles bisher sollte, ob das einen tieferen Sinn hatte vielleicht oder ob das alles nur Unsinn ist. Wenn Du mich fragst, muss ich sagen: kann sein! Manchmal geht man einen Weg entlang, den man nicht kennt. Ach, was sag ich, im Grunde tut man das immer. Das kann ein asphaltierter Weg sein, es kann ein Waldweg sein, der Weg mag sich durch die Wüste schlängeln und sandig sein und es mögen unbeschrittene Wege sein, deren Pfade gänzlich neu sind. Vielleicht steht man auch einmal am Meer und lässt sich die Wellen sanft über die Füße wallen. Dann könnte Strandgut angeschwemmt werden und aus den anderen Wegen mag man etwas am Rande finden, was man aufhebt und betrachtet. Manchmal kann etwas Gutes dabei sein, was man fortan als Findling oder als Glücksbringer mit sich trägt, oft aber auch sinnloses Zeug, welches man wieder fortwirft und sich sicher ist, dass man es nicht benötigt hat. Genauso ist es mit diesen Geschichten hier.
Ich hab noch ein Versprechen einzulösen: Ich habe gesagt, dass es noch einen Blick in die Zukunft gibt. Der kommt nun. In einem meiner kommenden Bücher plane ich einen Schritt zurück in meine Kindheit zu gehen und von dort aus etwas zu erzählen. Da ist noch eine Menge Stoff. Somit gebe ich an dieser Stelle einen Einblick in die Zukunft, der in die Vergangenheit führt. Und dies nur einmal so, um zu zeigen, wie dies aussehen könnte. Ich hoffe, es gefällt Dir. Mit dem „Gondelweiher" verabschiede ich mich für den Augenblick und sage danke, dass Du Dir mit mir die Zeit mit den „zugemauerten Pufftüren" vertrieben hast. Irgendwie warst Du die ganze Zeit dabei. Ist ja auch „Live".

Gondelweiher

Meine Geschichte beginnt hier. Genau an diesem Ort. Wassenberg. Gondelweiher. Ich mag gefühlte fünf Jahre alt sein, aber was bedeutet das schon. Der Gondelweiher sieht aus wie ein Haufen Kotze. Schön von geschichtlichen Stadtmauern umrahmt, aber das kann ich zu dieser Zeit noch nicht wissen. Ich bin viel zu jung, um Geschichte zu haben, geschweige denn sie zu kennen. Ich bin einfach hier.
Das Wasser aus dem Weiher würde ich niemals trinken. Eine rostbraune Schaumkrone schwimmt darauf. Ekelhaft. Tote Fische, welcher Art auch immer, sonnen sich an seiner Oberfläche. Jedes Mal, wenn ich nur dort bin – und leider bin ich gerne dort- wird mir übel. Ich träume nachts sogar davon, dass dort stinkende und widerliche Wesen emporsteigen und mich zur Verköstigung eines Glases Wasser aus dem Gondelweiher zwingen. Aber die Menschen sehen das anders. Sie können dort für fünfzig Pfennig eine Stunde mit dem Kahn im Kreise fahren. Sie finden das toll. Sonst würden sie das doch nicht machen, oder? Da sind immer Menschen auf dem Gondelweiher, die Kahn fahren. Die kichern auch, wenn sie darin sitzen.
Der Herr Rabe macht hier schon ein dickes Geschäft. Obwohl, was heißt das eigentlich: Geschäft machen? Ich kann damit nichts anfangen. Herr Rabe hat graues Haar, ist von hagerer Statur und trägt immer ein weißes Poloshirt. Der vermietet die Boote und ihm gehört auch noch das Freibad, wo er Bademeister ist, was direkt an den Gondelweiher anschließt. Ich weiß, dass Herr Rabe Macht hat, weiß aber nicht was Macht ist. Aber er hat das. Wenn er mich nicht in das Freibad lässt – und er lässt gerne

kleine Kinder nicht ins Freibad- dann bin ich nicht cool. Im Alter von fünf Jahren bereits uncool zu sein, das wäre –naja- suboptimal, oder?
Ich glaube Herr Rabe kotzt nachts in den Gondelweiher, weil er das toll findet.
Heute habe ich einen ganz besonders schwierigen Weg. Meine Mutter hat mir fünfzehn Mark gegeben für eine Jahreskarte im Freibad. Dazu einen großen Korb voll mit Limonadenflaschen, Käsebroten, gekochten Eiern, sauren Gurken und Obst. Dazwischen liegt auch noch ein kleiner Flachmann für Herrn Rabe. „Mit freundlichen Grüßen" soll ich diesen beim Kauf meiner Jahreskarte doch bitte gerne weiterreichen. Eigentlich fühle ich mich so, als sollte ich das alles selbst abwickeln. Und gekonnt hätte ich das sowieso. Aber Hildegard begleitete mich auf dem Weg ins Freibad, vorbei am Gondelweiher. Hildegard, ist die liebe sechzehnjährige Auszubildende meiner Mutter.
Ich hab das noch gar nicht gesagt, oder? Meine Mama hat hier in Wassenberg ein großes Geschäft. Da bildet sie auch Leute aus. Also Leute, die dann später einen richtigen Beruf haben. Ich weiß auch, dass die acht Mark pro Stunde verdienen. Oft würde ich gerne einmal vier Stunden arbeiten, um mir das Spiel „Fang die Maus" im Contra-Markt zu kaufen. Ich könnte zum Beispiel Kindern, die auf die Burg Wassenberg - das ist unser Hotel - kommen, Limo ins Glas schütten, wenn die das bestellen. Ich weiß ja, wo die Limo steht, weil ich mir die auch selbst einschütte und wenn keine mehr im Kühlschrank ist, dann gehe ich auch ins Kühlhaus im Keller, um neue Flaschen nachzuholen. Klar, ich hab dann immer Angst, wenn ich in den Keller ge-

he, aber ich habe mir angewöhnt ein Lied zu singen – immer wenn ich in das Kühlhaus gehe- ganz laut singe ich das dann und dann ist keine Angst da. Das mache ich immer bei Angst. Ich bin auch einmal zu Hause, also dort wo wir dann nach der Burg wohnen, am Gasthausbach in Wassenberg nachts in den Keller gelaufen und hab dabei gesungen. Dort war aber nie Limo, nur Gerolsteiner Sprudel, aber das ist auch gut, wenn man Durst hat. Einmal war kein Wasser da. Da stand dann nur noch eine Flasche Valensina-Orangensaft und die hatte Fruchtfleisch. Das war ekelig. Aber ich hatte keine Angst. Meine Mama war sehr aufgeregt, als ich dann wieder die Treppe hochgekommen bin und stand im Treppenhaus. Da habe ich mich erschrocken und hatte doch wieder Angst. Wo ich denn herkäme, hat sie gefragt. Das Licht hat dabei so komisch geleuchtet, dass meine Mama seltsam aussah. Und dass das doch wirklich Zeit wäre nicht im Haus herumzulaufen, hat sie gesagt. Und dann tat sie noch etwas, was ich nie mochte: Sie schmierte mir das Gesicht mit Penaten-Creme ein und hielt mich im Flur vor den Spiegel und sagte: „Guck mal, ein Clown!"

Ich hatte aber Durst. Aus dem Wasserhahn durfte ich nicht trinken, weil man davon Würmer im Bauch bekommt. Ich weiß aber, dass ich später von dickbäuchigen Limonadengläsern geträumt habe. So kugelige Gläser, wie wir sie auf der Burg Wassenberg hatten. Da kam sogar einmal in dem Traum ein Kellner, der Herr Gossen, der hatte einen dicken schwarzen Bart und wollte mir immer eine Pfeife zum Rauchen – so eine richtige geschwungene Erwachsenenpfeife- mitbringen, hat das aber nie getan. Der war aber im Traum da und brachte Limo.

Das wollte ich nur kurz erzählen, bevor Hildegard mir die Jahreskarte im Freibad kauft. Wir gingen den Weg am Gondelweiher vorbei und ich hatte Lust, einen Tannenzapfen vom Boden aufzuheben und in das Wasser zu werfen. Und wie ich das tat, sah ich schon, dass Herr Rabe aus der Ferne an seiner Kahnflotte stehend darauf aufmerksam wurde und seinen Blick gen mich richtete. Er hatte das gesehen. Er sah böse aus. Und als wir am Kassenhäuschen des Freibads ankamen, nahm er mich in den Schwitzkasten und schrie mir ins Ohr:„Ey du Kacker, wennde noch einma Dreck innde Weiher schmeisst, da schmeiss ich dich innde Weiher!"
Ich fand seinen Satz komisch, weil er einmal in der Mitte und einmal am Ende mit Weiher war. Fand das einen doofen Satz!
Er gab mir eine Kopfnuss und von da an übernahm Hildegard alles andere. Herr Rabe nahm dankbar den kleinen Schnaps aus dem Korb an, den Hildegard ihm überreichte, schüttete sich den in den Hals und machte „aaahhhh". Das war meine Chance! Ich sagte "Guck mal Herr Rabe, ich hab Limo dabei! Willst du davon eine haben??"- „Watten Käsepimmel!" lachte er darauf.
Ich bekam meine Jahreskarte. Hildegard wickelte das irgendwie ab. Und als ich sie stolz in meinen Händen hielt, sagte Herr Rabe noch: „Um sechs iss aber Schluss! Dann gehste nach Hause!"
Ziemlich uncool, denn Alex, den ich aus dem Kindergarten kannte, stand schon am Eingang und erwartete mich. Er durfte ganz alleine hier sein und hatte auch ein Schweißband von Adidas. Das hatte ich nicht.

Es war heiß an diesem Tag. Sehr heiß. Und ich hatte Freunde, nachdem Hildegard fortging und mich allein ließ. Natürlich wusste ich, dass sie mich später wieder abholen würde, aber das wollte ich hier niemandem erzählen.
Wichtig war jetzt nur eins: Alex, Andreas und Reinhard waren da. Alle aus dem Kindergarten, den ich nur dreimal besucht hatte und danach nie wieder. Und die fanden mich cool und fraßen in nullkommanichts meinen Fresskorb leer.
Ja, so schön war das hier. Hier beginnt meine Geschichte. Und wir werden noch oft ins Freibad gehen in den nächsten Tagen. Und Geschichten werde ich erzählen, die kaum ein Mensch glaubt, weil ich nämlich ein Kind bin und die Dinge um mich herum so wahrnehme, wie sie sind, unverfälscht. Sollte ich später in meinem Leben einmal auf die unverfrorene Idee kommen, das alles aufzuschreiben, obwohl ich erst nächstes Jahr eingeschult werde, dann hoffe ich, dass ich das alles behalten habe. Aber ich habe ja die Gabe mit meinem Gehirn Bilder zu fotografieren und ich kann mir Gerüche ganz gut merken. Und ich finde, wenn man Bilder und Gerüche im Kopf hat, dann wird das auf jeden Fall eine Geschichte, weil das kann keiner aus dem Kopf klauen und die Worte, die ich später einmal schreiben werde, können das eh nur sanft berühren. Ich weiß aber jetzt schon, dass ich im ersten Schuljahr Wachsmalstifte bekommen werde. Und darauf freue ich mich. Wenn das alles gut geht, dann werde ich von alledem später einmal ein buntes Bild schreiben.
Wassenberg finde ich ganz toll, aber der Gondelweiher, der macht mir Angst!

Nachwort

Völlig überraschend schiebe ich ein Nachwort hinterher. Ich bin mir nicht sicher, ob es eine Ehre ist für die geleistete Unterstützung namentlich in den „zugemauerten Pufftüren" erwähnt zu werden. Und mögen auch so manche Texte den Schluss nicht zulassen, ich habe Anstand und finde, dass es sich so gehört.

Das Foto auf dem Buchumschlag wurde von **Nicole Terstappen** bei einer Lesung im „Freigeist" in Viersen gemacht. Hierfür sage ich herzlichst „Danke" nicht ohne auch auf die Location aufmerksam zu machen, die sich mit ihrer Kleinkunstbühne so langsam aber verdient einen Namen macht.

Bei der Umschlaggestaltung hat mir ein geschätzter Kollege technische Unterstützung gegeben. Aus diesem Grunde möchte ich natürlich auch **Arno Menses** an dieser Stelle „Danke" sagen.

Fen Fatal danke ich dafür, mich ermutigt zu haben, diese Geschichten dennoch zu veröffentlichen. Ich habe hart mit mir gekämpft und viel gezweifelt.

Aus Sicherheitsgründen möchte ich anmerken, dass es weder ein Medikament mit dem Namen *Tinidil* geschweige denn eines mit dem Namen *Noctramil* gibt und warne ausdrücklich vor missbräuchlicher Verwendung von Arzneimitteln.

Es ist selbstverständlich, dass alle Geschichten frei erfunden sind. Namensgleichheit zu tatsächlich existierenden Personen wäre rein zufällig.

Die Bilder zwischen den Kapiteln habe ich selbst gemacht.

In der nächsten Zukunft werde ich mich wieder an ein belletristisches Werk herantrauen, welches seit langer Zeit darauf wartet in Angriff genommen zu werden.

Frankfurt, im Januar 2015
Marcel Thebach

Ende